国家出版基金项目
NATIONAL PUBLICATION FOUNDATION

山地城市交通创新实践丛书

山地城市土地利用与
交通一体化规划设计

林 涛 ◇ 著

重庆大学出版社

内容提要

本书从城市土地利用与交通供给一体化协调发展的角度,认识城市发展与交通发展的关系,梳理山地城市空间形态、功能布局、交通体系的一致性特征,结合多年来的优秀实践案例,重点介绍一体化发展理念在城市空间拓展、功能区更新、新区规划、枢纽站点设计、站点接驳设计等方面的详细应用。

图书在版编目(CIP)数据

山地城市土地利用与交通一体化规划设计／林涛著
. -- 重庆：重庆大学出版社,2022.6
(山地城市交通创新实践丛书)
ISBN 978-7-5689-3412-1

Ⅰ.①山⋯ Ⅱ.①林⋯ Ⅲ.①山区城市—城市土地—土地利用②山区城市—城市道路—城市规划—交通规划
Ⅳ.①F293.22②TU984.191

中国版本图书馆 CIP 数据核字(2022)第 114189 号

山地城市交通创新实践丛书
山地城市土地利用与交通一体化规划设计
Shandi Chengshi Tudi Liyong Yu Jiaotong Yitihua Guihua Sheji
林 涛 著
策划编辑:张慧梓 范春青 林青山
责任编辑:王 婷 版式设计:肖乾泉
责任校对:夏 宇 责任印制:赵 晟
＊
重庆大学出版社出版发行
出版人:饶帮华
社址:重庆市沙坪坝区大学城西路 21 号
邮编:401331
电话:(023)88617190 88617185(中小学)
传真:(023)88617186 88617166
网址:http://www.cqup.com.cn
邮箱:fxk@cqup.com.cn(营销中心)
全国新华书店经销
重庆升光电力印务有限公司印刷
＊
开本:787mm×1092mm 1/16 印张:18.25 字数:390千
2022 年 6 月第 1 版 2022 年 6 月第 1 次印刷
ISBN 978-7-5689-3412-1 定价:168.00 元

序 一
FOREWORD

多年在旧金山和重庆的工作与生活，使我与山地城市结下了特别的缘分。这些美丽的山地城市，有着自身的迷人特色：依山而建的建筑，起起落落，错落有致；滨山起居的人群，爬坡上坎，聚聚散散；形形色色的交通，各有特点，别具一格。这些元素汇聚在一起，给山地城市带来了与平原城市不同的韵味。

但是作为一名工程师，在山地城市的工程建设中我又深感不易。特殊的地形地貌，使山地城市的生态系统特别敏感和脆弱，所有建设必须慎之又慎；另外，有限的土地资源受到许多制约，对土地和地形利用需要进行仔细研究；还有一个挑战就是经济性，山地城市的工程技术措施比平原城市更多，投资也会更大。在山地城市的各类工程中，交通基础设施的建设受到自然坡度、河道水文、地质条件等边界控制，复杂性尤为突出。

我和我的团队一直对山地城市交通给予关注并持续实践；特别在以山城重庆为典型代表的中国中西部地区，我们一直关注如何在山地城市中打造最适合当地条件的交通基础设施。多年的实践经验提示我们，在山地城市交通系统设计中需要重视一些基础工作：一是综合性设计（或者叫总体设计）。多专业的综合协同、更高的格局、更开阔的视角和对未来发展的考虑，才能创作出经得起时间考验的作品。二是创新精神。制约条件越多，就越需要创新。不局限于工程技术，在文化、生态、美学、经济等方面都可以进行创新。三是要多学习，多总结。每个山地城市都有自身的显著特色，相互的交流沟通，不同的思考方式，已有的经验教训，可以使我们更好地建设山地城市。

基于这些考虑，我们对过去的工作进行了总结和提炼。其中的一个阶段性成果是 2007 年提出的重庆市《城市道路交通规划及路线设计规范》，这是一个法令性质的地方标准；本次出版的这套"山地城市交通创新实践丛书"，核心是我们对工程实践经验的总结。

丛书包括了总体设计、交通规划、快速路、跨江大桥和立交系统等多个方面，介绍了近二十年来我们设计或咨询的大部分重点工程项目，希望能够给各位建设者提供借鉴和参考。

工程是充满成就和遗憾的艺术。在总结的过程中，我们自身也在不断地反思和总结，以做到持续提升。相信通过交流和学习，未的山地城市将会拥有更多高品质的精品工程。

美国国家工程院院士

中国工程院外籍院士 邓文中

林同棪国际工程咨询（中国）有限公司董事长

2019 年 10 月

序 二
FOREWORD

　　山地城市由于地理环境的不同,形成了与平原城市迥然不同的城市形态,许多山地城市以其特殊的自然景观、历史底蕴、民俗文化和建筑风格而呈现出独特的魅力。然而,山地城市由于地形、地质复杂或者江河、沟壑的分割,严重制约了城市的发展,与平原城市相比,山地城市的基础设施建设面临着特殊的挑战。在山地城市基础设施建设中,如何保留城市原有的山地风貌,提升和完善城市功能,处理好人口与土地资源的矛盾,克服新旧基础设施改造与扩建的特殊困难,避免地质灾害,减小山地环境的压力,保护生态、彰显特色、保障安全和永续发展,都是必须高度重视的重要问题。

　　林同棪国际工程咨询(中国)有限公司扎根于巴蜀大地,其优秀的工程师群体大都生活、工作在著名的山地城市重庆,身临其境,对山地城市的发展有独到的感悟。毫无疑问,他们不仅是山地城市建设理论研究的先行者,也是山地城市规划设计实践的探索者。他们结合自己的工程实践,针对重点关键技术问题,对上述问题与挑战进行了深入的研究和思考,攻克了一系列技术难关,在山地城市可持续综合交通规划、山地城市快速路系统规划、山地城市交通设计、山地城市跨江大桥设计、山地城市立交群设计等方面取得了系统的理论与实践成果,并将成果应用于西南地区乃至全国山地城市建设与发展中,极大地丰富了山地城市规划与建设的理论,有力地推动了我国山地城市规划设计的发展,为世界山地城市建设的研究提供了成功的中国范例。

　　近年来,随着山地城市的快速发展,催生了山地城市交通规划与建设理论,"山地城市交通创新实践丛书"正是山地城市交通基础设施建设理论、技术和工程应用方面的总结。本丛书较为全面地反映了工程师们在工程设计中的先进理念、创新技术和典型案例;既总结成功的经验,也指出存在的问题和教训,其中大多数问题和教训是工程建成后工程师们的进一步思考,从而引导工程师们在反思中前行;既介绍创新理念与设计思考,也提供工程实例,将设计理论与工程实践紧密结合，既有学术性又有实用性。总之，丛书内容丰富、特色鲜明，表述深入浅出、通俗易懂，可为从事山地城市交通基础设施建设的设计、施工和管理的人员提供借鉴和参考。

中国工程院院士
重庆大学教授　周绪红

2019 年 10 月

前　言

PREFACE

　　时代变化及科技变革，深刻地影响着规划设计行业的发展生态。

　　最近几年，我们有一个明显的感受：从地方政府、行业管理部门，到城市开发运营服务商，对交通系统规划设计的诉求与以往相比都有了明显的不同，关注的重点更多地聚焦在城市品质提升、人居环境改善、智能化运维服务；交通规划设计可持续发展的理念深入人心，并逐步贯彻。

　　交通系统已经成为现代城市生产生活服务的重要载体，基于交通网络的各种城市功能服务诉求越发突出。在这样的背景下，我们认识到，要发挥现代化城市交通系统的载体功能，需要深入理解交通的起源与本质属性，需要实现交通发展、城市发展、社会经济发展的一体化、协同化，这是时代发展的诉求，也是贯穿全书的核心思想。

　　全书从土地利用与交通一体化发展角度，精选了笔者所在团队近几年参与的项目进行介绍。这些项目涵盖区域发展、城市更新改造、城市新区建设、实施规划等不同领域，每一个项目都具有鲜明的特征。尽管服务对象不同、关注点各异，但是其出发点与落脚点是一致的，都充分强调并落实基于一体化发展、协同化发展的解决对策与具体措施。

　　全书的总体框架编写及统稿由林涛完成。具体各章的撰写完成人为：第 1 章：林涛、李玮；第 2 章：陈巍；第 3 章：崔皓莹；第 4 章：寇立明；第 5 章：林涛；第 6 章：张萧萧；第 7 章：陈鹏宇；第 8 章：杨远祥、刘文清；第 9 章：王岩；第 10 章：张雪莲；第 11 章：林涛。

　　特别感谢王有为先生为本书提供的支持，感谢蔡增毅、缪异尘、余佳等同事辛勤的项目案例梳理工作。本书能够顺利出版得到了重庆大学出版社有限公司张慧梓女士的大力帮助，在此表示衷心的感谢。

本书是系列丛书第一辑关于可持续交通规划设计创新实践的延续与深化,我们希望它是一个开始,能够激发并促使我们不断思考、不断实践、不断创新,并将点滴收获进行汇总、归纳、分享。限于笔者的水平和能力,疏漏和不足之处敬请广大读者批评、指正。

著 者

2021 年 10 月

目 录
CONTENTS

第1章　换个视角看交通

1.1　土地与交通

说到交通，必须先从土地讲起。

我们知道，城市之所以吸引人，其根源在于各种生产、消费、文化资源便于集体共享。资源的共享，使得人均使用成本更低，从而可以提高利用效率。所谓城市，便是以人与人、物与物、人与物的交流为基础建立起来的场所，场所内部各种关联性通过交通来确立其相互关系。而承载城市职能的土地，与交通是不可分割的，存在着表里一体化的关系。

土地决定城市交通的发生、吸引和方式选择。用地功能和用地规模决定着交通产生量，土地利用布局从宏观上确定了交通需求的时空分布，土地利用密度影响交通出行方式选择，进而影响交通系统模式。城市土地利用与交通发展的互动关系如图1.1所示。

图 1.1　城市土地利用与交通发展的互动关系

1.2　换个视角看交通

前面简要介绍了城市交通的起源,分析了城市土地利用与交通发展的相互关系。在这一节里,我们将分析一体化发展模式的现实要求,探讨山水城市土地利用与交通一体化发展的技术逻辑及方法,这将是贯穿本书的核心。

1)基本认识

当我们将视角聚焦到土地利用与交通一体化发展时,对城市发展及交通发展的理解将不再局限在形态、空间、功能、体系层面,而是深入各种现实的空间功能载体,以及各种载体之间的内在联系。

回顾一下,在常规模式下,开展一个交通项目的规划设计工作,我们需要做哪些前期调研工作?

- 抽样的或者基于大数据的居民出行调查。
- 对外出入口的车型、车流量调研。
- 干道的车速、车流量调研。
- 关键路段、节点车型、车流量的调研。
- 各种交通设施布局、规模、运行的调研。
- 交通管理的调研。

那么,基于传统意义的分析,我们一般会得到什么样的结论呢?

- 包括出行强度、出行模式、出行目的、出行时空分布等在内的居民出行特征。
- 包括路网、线网、场站等在内的供给类指标。
- 基于形态匹配性、结构合理性、供需平衡性分析,找出现状问题的症结。

上述认知逻辑经典并有效。但是,当我们基于一体化的视角时,我们会发现另一种完全不同的分析思路。这种思路进一步延展,将形成我们重新认知城市交通的新视角。

2)关于一些问题的理解

在推出我们提倡的观察认知城市交通的方法之前,先抛出几个问题,启发我们思考。

一是对城市发展规模的判断。

以人口增长分析为例,交通规划设计的基础是城市总体规划提出的人口发展目标和城市用地发展目标。人口发展目标确定了交通出行的总体需求规模,用地发展目标确定了交通出行的空间尺度。当交通机械地以总体规划为依据,忽略了对城市发展、人口发展、用地发展客观规律的思考时,常会导致规划编制要么太过超前,要么考虑不足。

　　图 1.2 是某城市人口规模预测与实际增长情况对比的案例。该城市的总体规划中提到,预计到规划期末(2020 年),人口规模为 258 万,由此形成城市空间形态、土地利用布局,并配置城市各种资源。但实际情况是,2017 年该城市人口为 215 万人,城镇化率已经达到 80%,考虑短期增长,预计 2020 年实际人口约 235 万人,与总体规划预计值相差 23 万人,仅为预期人口规模的 90%。该城市在城镇化率已经处于高位,并且人口还未达到预期规模时,进一步提出 300 万人口增长目标,会不禁让人发出疑问——新增的人口从哪里来?

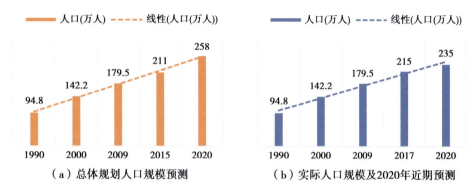

（a）总体规划人口规模预测　　　　　（b）实际人口规模及2020年近期预测

图 1.2　某城市规划人口与实际人口发展情况

　　国内许多城市普遍采取增长性规划策略,对于人口规模增长的预测往往偏于乐观。虽然总体规划确定的人口仅为预期,代表的是城市在社会经济正常发展情况下人口发展趋势的规模判断,一定的误差是合理并且可以接受的,但是放在当今人口增速趋缓,城镇化水平和增长速度放缓的时代背景下,对城市人口发展规模做出合理的判断显得特别重要。

　　国务院印发的《国家人口发展规划(2016—2030 年)》中指出,未来十几年,特别是 2021—2030 年,我国人口发展将进入关键转折期。根据预测,人口总量将在 2030 年前后达到峰值,劳动年龄人口波动下降,老龄化程度不断加深,但人口流动仍然活跃,家庭呈现多样化趋势。到 2020 年,全面两孩政策效应充分发挥,生育水平适度提高,人口素质不断改善,结构逐步优化,分布更加合理,全国总人口达到 14.2 亿人。到 2030 年,人口自身均衡发展的态势基本形成,人口与经济社会、资源环境的协调程度进一步提高,全国总人口达到 14.5 亿人。

　　从国家对人口发展的趋势判断看,今后一段时期内我国人口总量将维持在一个相对平稳的状态。在涉及城市总体规划、重大项目决策时,有必要进一步完善人口预测机制,开展人口影响评估,以增强规划实施的可操作性。

　　另一方面,对于国内一些超大城市,如北京、上海、广州、深圳等,人口规模增长则是不断突破总体规划预期。以北京为例,2005 年常住人口逼近 1 500 万人,2014 年突破 2 000 万人,2017 年北京市在总体规划中提出将人口控制在 2 300 万人以内,并在 2020 年以后长期稳定在该水平。超大城市对人口的集聚力度与超大城市的经济发展水平、人口和产业吸引力密切相关,这又是人口发展的另一个极端,在此不细表。

二是关于城市转型发展与城市更新的关系。

中国城市正处于从单纯扩张向区域振兴和城市更新转变的节点,处于由增量发展向存量发展、增量存量并举的转型阶段,未来的城市发展将重点以精明增长和城市更新为主,进一步优化资源配置,这种转型发展要求城市思考和探索更好地利用现有空间和振兴老城区的新路径。

党的十九届五中全会审议通过的《中共中央关于制定国民经济和社会发展第十四个五年规划和二〇三五年远景目标的建议》中首次提出"实施城市更新行动",为创新城市建设运营模式、推进新型城镇化建设指明了前进方向。城市更新不是简单的旧城旧区改造,而是由大规模增量建设转为存量提质改造和增量结构调整并重。国家实施城市更新行动,其内涵是推动城市结构优化、功能完善和品质提升,转变城市开发建设方式。

图 1.3 是对某城市建筑情况的梳理结果,红色地块是建筑年限超过 30 年的老旧小区,黄色地块是计划变更用地性质的地块,总面积达到 41 km²。这些老旧小区伴随城市建设逐步形成,通常是城市的核心区及人流的聚集区,也是交通矛盾的凸显区。这些地块面临迫切的城市更新工作,虽然其成本高昂,但是具有巨大的社会价值、经济价值。

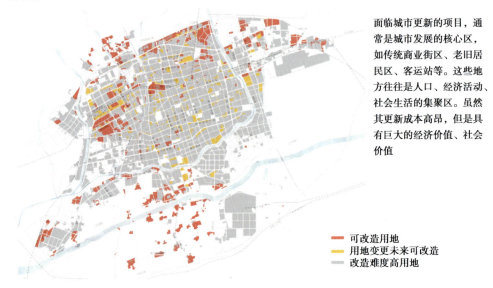

面临城市更新的项目,通常是城市发展的核心区,如传统商业街区、老旧居民区、客运站等。这些地方往往是人口、经济活动、社会生活的集聚区。虽然其更新成本高昂,但是具有巨大的经济价值、社会价值

可改造用地
用地变更未来可改造
改造难度高用地

图 1.3　某城市用地梳理情况

过去许多城市在推进城市发展、拉动社会经济发展的过程中,盲目规划建设新城新区,圈地造城,这些措施虽然短期内可以拉动投资,但是如果没有产业、人口、就业岗

位的导入,就会导致出现造城运动、房地产泡沫、职住失衡等各种问题。

城镇化的核心是各种资源和要素的集中和高效流动,是就业和人口集中的过程。城市更新虽然成本高昂,但是具有巨大的经济价值、社会价值。城市更新将会成为一个日益重要的国家战略,需要更加积极主动地平衡环境可持续性、社会包容性和城市管理与经济发展和区域振兴。交通规划设计人员应该充分认识到这种趋势,并通过交通网络的优化、设施的完善、管理的提升,帮助城市有效地利用土地,创造新的增长动能。

三是城市功能空间结构与用地匹配性问题。

所有的空间结构基于最基本的两个要素:节点与廊道。节点与廊道和土地利用相结合,就构成了城市的功能空间结构。通过测算相关节点与廊道的人口岗位规模,有助于分析并判断交通设施布局的匹配性,以及规模的合理性。

实际工作中,城市功能空间结构往往被作为交通规划的前置条件。交通走廊的布局、交通设施的导入,都依循确定的城市空间结构进行配置。但是,城市空间结构是否合理,能否满足支撑城市空间拓展和功能集聚的要求,却往往缺少必要的论证分析。

图 1.4 是某城市总体规划中提出的多中心发展结构,我们结合土地利用规划情况测算了各中心组团与发展廊道的人口岗位规模。从分析结果可以明显看到,人口和岗位的分布聚集情况并不能支撑总体规划提出的多中心结构。如果缺少了这个必要的前置分析判断,而是简单地把总体规划当成了完全的前置条件,势必造成交通体系规划方案不合理、不匹配、不适应。

（a）人口现状与规划情况　　　　（b）岗位现状与规划情况

图 1.4　某城市核心区与廊道人口岗位分布情况

四是出行行为选择问题。

影响居民交通出行行为的因素很多,从规划层面考虑,主要的两个因素是城市的空间尺度与设施布局。空间尺度最直观的反映是街区大小,而设施布局评估的指标是可达性。

空间尺度对交通的影响体现在出行方式选择上,国内外已有大量的研究证明,街区尺度的大小以及用地的复合性,对居民的出行行为有显著影响。尺度越小、用地越复合,则居民选择步行和公共交通出行方式的比例更大;尺度越大、用地越单一,则步行和乘坐公交难度增加,居民往往更愿意采用私人机动化出行方式。

设施的可达性是影响人口分布的重要因素。在我国,城市居民在考虑家庭置业时,往往更多考虑是否靠近中小学,是否有便利的医疗条件、周边环境是否宜人等,这就为我们判断人口分布及配置各种公共服务设施提供了依据。一般而言,公共服务设施的布局应该在城市范围内均衡配置,以保障城市居民能够充分享有公平的服务。若公共服务设施布局不合理,将导致其可达性不足,进而对人口的服务覆盖率不足,往往容易引发人口的不均匀分布和局部集中,偏离总体规划控制意图,引发城市交通问题,这是很多城市出现交通拥堵及产生各种各样城市交通病的根本原因。

3) 新思考

新的视角包括人口发展、城市尺度、用地尺度、职住特征、交通系统可达性、结构与网络、人群画像与需求、实施可行性等,它将深入挖掘现象背后隐藏的逻辑,包括空间固定的土地、不同的用地功能、居民行为倾向预测,以及交通体系的灵活与韧性。

而这内在的逻辑关系,包括人与人的、物与物的、人与物的内在一体化关系,将体现为具象的空间结构、明确的功能布局,以一个一个功能地块、功能节点的形式展现在我们面前。交通则负责地块与节点功能的带动、不同地块与节点之间的互动,以及由此产生的整个网络运输的组织。

这就是我们要在本书里面讨论的土地与交通一体化。

将之进行归纳总结,可在三个层面进行解读:

- 关注宏观层面的形态空间-城市功能-交通网络体系一体化;
- 关注中观层面的空间-产业-用地-交通-设计一体化;
- 关注微观层面的规划-设计-实施-运营流程一体化。

1.3 我们的主张

1) 尊重规律

尊重城市发展和交通发展的客观规律,准确把握城市发展、土地利用、交通发展、社会经济发展的脉络,不盲目乐观,也不故步自封。前面提到的人口发展、城市拓展、城市更新、城市尺度、功能结构等,都属于对城市发展客观规律与特征的剖析。

2) 聚焦目标

我们不可能在一个项目里面解决城市交通发展的所有问题。实际上,回顾十多年的项目经验,促使一个项目成功的有效措施往往只占据全部工作的 20% ~ 30%,为此,任务分析与目标制订十分重要。只有找到项目的核心任务,并制订关键目标,才会有的放矢、实处发力、见到实效。

3）导入策划

规划与策划是两个不同的服务领域。规划描述蓝图,策划提出途径。规划是一套法定的程序,是对未来一定时期的发展目标的分解和安排;而策划则是对规划蓝图的目标解读,并带有创造性思维的谋划。一个好的规划,不仅要告诉政府和客户做成什么样,还要明确回答如何发展、如何实施的问题,不仅能够清晰回答应该"做什么",还能够充分论证"为什么",更重要的是,还能够详细地讲清楚"怎么做"。

4）落地可行

好的规划成果必须要解决规划落地的问题。规划落地有三方面的意思:一是规划方案必须彰显其公共政策属性,要照顾到全体居民的重要诉求;二是规划方案既要适度超前,又要具备经济可行性,要适应当前及一段发展时期内城市的经济发展和当地财政收入情况;三是规划的方案在工程建设层面具有实施可行性,这点在山水城市尤其重要。

5）应对可能

面对复杂环境和众多不确定性的因素,规划最重要的是采用因地制宜和因时制宜的方案解决发展过程中面临的问题。大量实证表明,规划系统的动态变化难以在规划者的掌控之中,所以必须根据变化的方向和动态,不断地调整和完善规划。因此,规划方案应该灵活且具备韧性,适应不同发展模式和发展前景条件的要求。重点是对重要功能性设施应做长远的规划控制,以应对城市发展的多样可能性。

第 2 章　数字分析平台

2019 年 1 月,中央全面深化改革委员会审议通过了《关于建立国土空间规划体系并监督实施的若干意见》,明确提出利用大数据和新技术,探索提升空间治理能力的科学化、精准化和智慧化水平。我们认为,城市交通的治理也将从依文据图走向信息互动。在城市发展的时代路口,大数据辅助分析平台将为城市交通规划设计带来全新的认知视野与规划工具。

据此,从城市空间、土地利用、交通网络一体化角度,我们建立了基于 GIS 的城市空间网络分析平台,进一步通过导入土地信息、多元交通大数据、GPS 信息等,提供一体化、精准化的咨询服务。下面对平台体系进行简要的功能介绍。

2.1　功能亮点

2.1.1　多源大数据的融合

城市多源大数据融合应用是平台建设的重要支撑。平台数据源包括静态统计数据和城市运营数据两大类。静态数据用于帮助规划人员快速感知城市的历史变化以及空间形态等;而运营数据则从人、车的角度解读该城市的时空特征。通过多源数据的融合,可实现多维度、多角度的应用场景。

1)静态数据

城市静态数据源较多,受限于篇幅的限制,以下简要介绍几类关键数据。

（1）人口数据

人口数据的平台可视化,能极大地节约统计时间,并直观展示人口历年的空间分布变化。图 2.1 为某城市周边区域人口变化对比图,从图中可以看到,西南部的外围区域人口增长迅速。

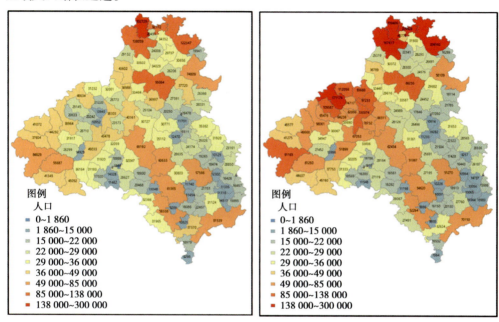

（a）2000年某城市周边区域人口分布　　（b）2015年某城市周边区域人口分布（编者自绘）

图 2.1　某城市周边区域人口变化分析

（2）POI 数据

城市土地功能特征的分析有利于识别城市空间结构,从而为交通与空间的融合提供量化支撑,而 POI 数据可帮助规划人员快速分析片区的功能分区。

（3）交通矢量数据

交通矢量数据包括道路网络、公交网络、轨道网络、停车场等城市交通设施。平台通过网络获取、人工绘制等措施将交通基础数据进行矢量化处理,使其成为城市分析中的重要支撑。

（4）地形数据

将地形数据集成至平台,将有利于对现状片区地形的认识,同时也有利于三维化展示、分析片区的现状,如图 2.2 所示。

2）运营数据

运营数据方面主要介绍手机信令数据、公交运行数据、道路运行数据。

（1）手机信令数据

平台融入了手机定位位置数据和人员的标签数据。手机定位位置数据可应用于

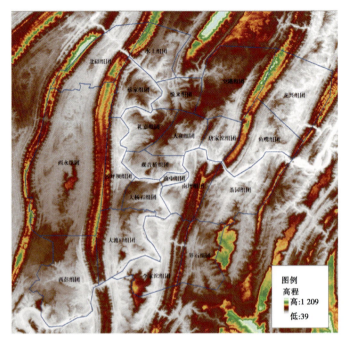

图 2.2　重庆高程栅格数据（编者自绘）

出行热点的识别和轨迹的追踪；人员的标签数据则在基本的出行分析基础上，对出行类别进行更深层次的解读，如学生群体的出行特征、不同职业人群的出行特征等，如图2.3 所示。

一级标签	二级标签	三级标签	标签名	四级标签
人口属性	基础属性	极光设备唯一标识	CID_IID	3664580822b351e98c966f0d0e6f358
人口属性	基础属性	行为性别	CPL_INDM_GEND_S	F,M
人口属性	基础属性	国籍	CPL_INDM_NATI	中国
人口属性	基础属性	年龄段	CPL_INDM_AGE_C5	0:0~15岁; 1:16~25岁; 2:26~35岁; 3:36~45岁; 4:大于46岁;
人口属性	基础属性	职业类型	SOM_OCM_CAREER	IT从业人员,建造师,房产中介,房地产行业从业人员,房地产销售人员,建筑行业从业人员,修缮人员,会计,大学生,老师,初中生,小学生,中小学生,初高中生,保险从业人员,金融行业从业人员,证券基金从业人员,经销商,O2O业务人员,中小商家,厨师,农业从业人员,人力资源,普西服务员,配送员,快递员,网约车司机,货车运输人员,铁路工作人员,机场工作人员,汽车站工作人员,港口工作人员,医护人员,医生,护士,消防人员,公务员,导游
人口属性	基础属性	是否在校大学生	CPL_INDM_UNDERG	1: 在校大学生 0: 非在校大学生
人口属性	基础属性	学历水平	CPL_INDM_EDU_LEVEL	高、中、低
社会属性	家庭属性	婚姻状态	CPL_INDM_MARRC2	已婚、未婚
社会属性	家庭属性	是否有子女	CPL_HHM_CHILD_HC	有、无
社会属性	家庭属性	子女阶段	CPL_HHM_CHILD_CHLI	皆孕期、婴幼儿、青少年、未知
价值属性		有无车标识	CPL_INDM_VEIC_VEID	Y: 有车, N: 无车
价值属性		收入能力水平	FIM_FISM_INCL	高、中、低
消费属性		消费能力水平	FIM_FISM_CONL_CIR	高、中、低
消费属性	消费偏好		GBM_BHM_PURB_CONP	内衣专卖,分期购,合酒菜道,图书专卖,化妆品专卖,品牌折扣,家具家电,情绪专卖,服饰专卖,周考,酒茶专卖,二手商品,酒家装,美甲,虚拟商品,宠物急备,户外运动,母婴,生鲜专卖,家家版,婚礼筹备,手工制作,药品补足,零售百货,信用商城,儿童用品,批发专卖,掌上超市,收藏品,购物积航,零食专卖,土特产,汽车专卖,网上超市,返利返现,二手车,代步工具,免税店,团购特卖,潮鞋热卖,精饰品,拍卖,美食专卖,鞋子专卖,None,情趣用品,手工艺品,母婴玩具,电影票专卖,服务专卖,食品专卖,包包配饰,空宝,数码电脑,时尚潮流,特产专卖,生鲜配送
消费属性	消费品级		GBM_BHM_PURB_PREF	高端、大众、潮流、奢修

图 2.3　手机标签数据

（2）公交运营数据

公共交通运营数据主要对公交刷卡数据和车辆定位数据进行分析，从而得到公共交通的运营特征，公交刷卡数据如图 2.4 所示。

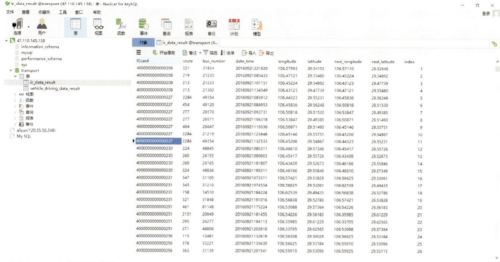

图 2.4　公交刷卡数据

（3）道路运行数据

道路速度是评价城市交通状态的重要基础指标，可通过百度和高德的 API 接口获取城市路段的运营速度效果，如图 2.5 所示。后续将进一步介绍基于该数据的实际微观应用。

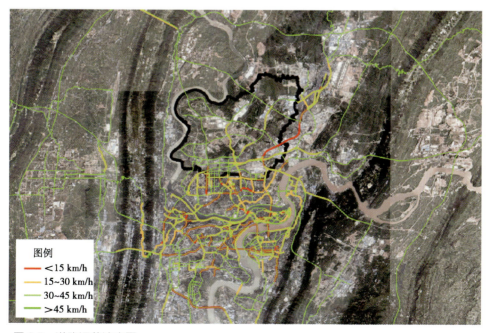

图 2.5　道路运营速度图

2.1.2 智能化分析

平台面向实际业务需求,形成城市基础分析、城市交通规划分析、交通工程设计分析和公共交通规划研究分析四大板块。

1)城市基础分析

城市基础分析板块主要解决基本的空间数据展示和分析,包括人口分布、职住分布、通勤分布等功能。

（1）基础分析

基础分析支持多种在线背景地图加载和多种格式数据的上传,支持用户上传数据进行特定城市、特定区域的分析,并实现云端的数据成果展示,如图2.6所示。

图2.6 用户数据云端展示

（2）历史人口分析

规划设计人员可快捷地查询自选范围内的历年人口的变化情况,并进行数据的在线统计展示,如图2.7所示。

（3）城市职住分析

基于手机SDK数据开发的城市职住分析,可在线查看城市内工作人群和居住人群的空间分布情况,并可在线查询自定义范围内的城市居住人口和工作人口数。图2.8为平台的城市居住分析展示效果。

2)城市交通规划分析

城市交通规划板块面向分析应用中的难点、痛点,主要解决城市交通动态运行中的城市大通道分析评估、城市客流分析、城市等时圈分析和静态交通中的停车分析。下面以等时圈分析和客流分析为例进行介绍。

图 2.7　历年统计人口数据展示

图 2.8　城市居住分析

（1）等时圈分析

等时圈是交通规划中面临的最基本、最常用的应用，在日常分析中通常以距离来划定其范围，而对于地块级别的分析误差较大。同时，等时圈还存在不同交通方式、不同时段下的动态变化特征。用实际的出行时间构建城市交通时间出行模型，是精准实现等时圈划分的重要前提。在等时圈分析中，平台通过获取实时动态的出行时间数据，构建时间模型，并实现了任意位置在不同时间、不同交通方式下的覆盖分析。图

2.9显示了目标位置的小汽车50 min 覆盖范围。

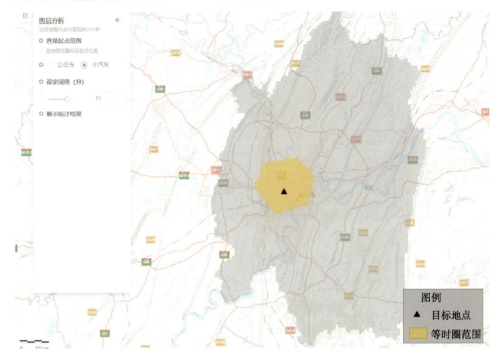

图2.9 小汽车 50 min 等时圈分析

（2）客流分析

平台基于手机定位位置数据，通过对出行轨迹进行分析，实现了用户的全出行链追踪。利用平台的客流分析功能，可实现自定义范围内出行对象的到达和离开分析，同时也可分析出行时间、出行距离等客流特征。图 2.10 展示了城际间客流的分布情况。

3）交通工程设计分析

交通工程设计分析主要是对路网指标和道路运营状态进行微观分析。

（1）路网指标分析

路网指标的主要功能为对自定义范围内的道路长度、道路密度、道路分等级比例等指标的查询和可视化显示。

（2）道路运营状态分析

路段车辆的速度变化是道路运营状态的直观呈现，也是交通容量、交通设计、交通管理等因素的综合反馈。

道路运营分析功能支持片区大范围道路速度变化的分析，也可聚焦某路段对象，详细分析研究对象在不同区段和不同时段下的速度变化。表 2.1 为某路段在不同时段下的旅行速度变化情况，分析路段时可根据分析要求拆分成不同检测段，从而适应不同的应用场景。

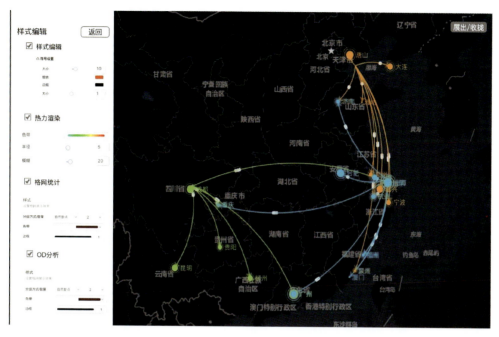

图 2.10 城际间客流分析

表 2.1 路段不同时段车速变化表

分析对象	17:30	17:40	17:50	18:00
	车速(km/h)	车速(km/h)	车速(km/h)	车速(km/h)
检测段 1	14	16	16	16
检测段 2	18	17	17	17
检测段 3	23	22	21	21
检测段 4	19	17	17	17
检测段 5	18	17	17	17
检测段 6	16	16	16	16
检测段 7	15	14	14	14
检测段 8	19	18	18	18
检测段 9	17	16	16	16
检测段 10	15	14	14	14
检测段 11	14	13	13	13

4)公共交通规划研究分析

公共交通规划板块主要集成了地铁、常规公交的刷卡数据,为用户提供站点、线路的时空分析。

(1)线路客流分析

线路客流分析主要提供线路断面客流分析,可分析在不同日期和不同时段下的线路断面客流分布情况,如图2.11所示。

图 2.11　线路断面客流分析

(2)站点客流分析

站点客流分析提供站点的到站、离站的客流布局分析,也可分析线路站点客流和公交客流的分布,如图2.12所示。

图 2.12　站点客流分析

2.2　技术体系

平台主要以重庆主城区人口数据、就业数据、交通数据为数据基础,以 WebGIS 为技术手段,实现数据的浏览、查询、可视化表达和时空分析等主要功能。同时,平台通过构建统一的数据标准体系和数据服务接口,为未来多种时空大数据的深度融合以及算法模型、业务系统的集成预留发展空间,实现数据-业务-技术的贯通协同。

2.2.1　平台逻辑架构

平台采用面向服务架构开展系统设计的逻辑思路。平台逻辑框架分为数据层、服务层和管理层,以项目服务总线为中心,集成各类应用系统。平台逻辑架构如图 2.13所示。

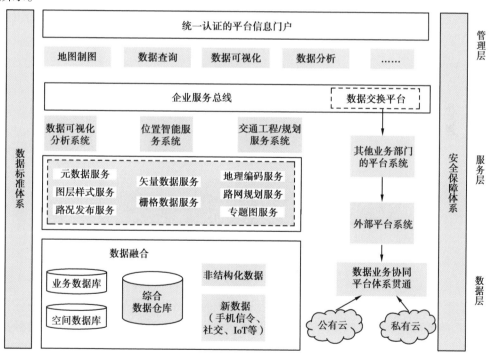

图 2.13　平台逻辑架构

1)数据层

除了传统的业务数据和空间数据外,对非结构化数据及手机信令数据、RFID 交通数据、物联网时空大数据等新数据也进行深度融合,建立综合数据仓,形成面向交通行业的大数据管理、分析和应用框架。

2)服务层

引入企业服务总线和各种服务层,将业务从各个应用系统中剥离出来。应用系统专注于业务服务功能的实现,成为各种服务资产的载体。业务通过服务的编排组合来搭建,采用点菜单、搭积木的形式,满足业务随时、随需变化的个性化需求。通过企业服务总线,业务和应用能够更好地对齐。下层数据统一的标准体系和统一接口也为多种应用系统提供了同根生枝的集成环境。

3)管理层

构建统一认证的平台信息门户,实现业务、空间数据等各类信息的聚合展现,为各类应用系统提供统一的权限认证和访问入口。

平台本身的网络环境支持公有云和私有云部署。对于涉密数据资源和业务系统服务,严格控制内网访问;对于公共服务,可开放公网访问。通过企业服务总线的数据交换机制,可在企业内部与其他部门的系统平台之间实现无缝对接,也方便与外部平台之间实现数据交换和开放集成,实现数据业务的横向协同和平台系统的纵向贯通。

2.2.2 平台实现架构

在上述的逻辑架构基础之上,结合项目建设内容和需求,形成系统的实现架构,如图2.14所示。

平台实现架构采取分层架构模式,其核心是业务系统,它根据业务实际需求和未来发展规划,将平台门户、应用系统和数据基础形成一个有机整体,支持一体化的交通大数据管理与分析。

1)基础设施层

基础设施层提供统一的信息基础设施环境,包含网络、服务器、存储和应用集群,为各类应用系统的运行提供高可用性、高稳定性的物理环境。

2)数据服务层

考虑将整个交通数据资源整合为大的数据仓库,对业务数据进行了深度时空融合,形成了城市基础地理信息框架和城市基础交通数据服务中心,并持续融合新数据环境。在多维数据的驱动下,运用流量监控、规划分析、情景模拟、未来预测等大数据算法模型,深度挖掘数据价值,可更好地满足数据可查询、可获取、可展示、可分析的需求。

3)业务系统层

业务系统层是系统的核心支持层,它充分利用多种数据服务资源,集成核心业务

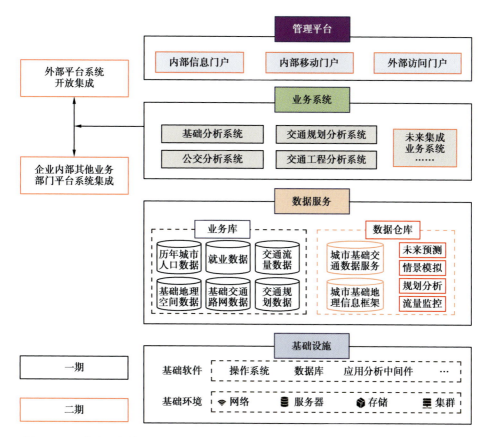

图 2.14　平台实现架构图

算法模型,形成服务资源池;并且以服务为中心,将业务功能实现为业务服务,以适应不断变化的业务需求,为未来业务系统持续集成预留接口,为集成企业内部其他业务系统嵌入和外部平台系统的开放集成提供统一接口。针对现有需求,初期主要对基础分析系统、交通规划分析系统、公交分析系统和交通工程分析系统,实现数据查询、基本分析、可视化的功能。未来可在多维数据的驱动下,不断深化业务分析的算法模型,持续开发特色业务应用系统。

4)平台管理层

平台管理层是提供统一信息的门户,作为所有应用系统的入口,实现单点登录和统一身份认证。根据使用场景和接入方式的不同,可细分为内部信息门户和外部信息门户,精确控制用户权限、数据安全和服务调度。

2.3 重点应用

2.3.1 城市空间分析

1）城市空间拓展分析

对历年城市发展范围的演变进行分析,有利于把握未来城市重点发展方向,以及发挥交通设施在城市发展中的促进作用。结合灯光数据的分析即可实现上述分析。图 2.15 为某城区灯光数据,可以直观呈现出二十多年来的城区发展变化。

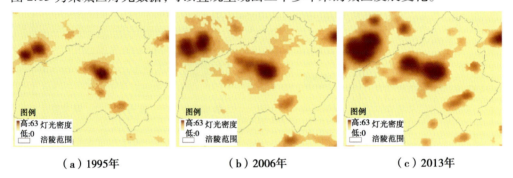

（a）1995年 　　　　　（b）2006年 　　　　　（c）2013年

图 2.15　某城区历年灯光数据分析（编者自绘）

2）辐射范围分析

（1）城市群辐射分析

以新建区域机场为例,通过机场的辐射范围分析（图 2.16）,得到其核心客流的吸引范围,并可对比不同规划衔接方案下影响范围的变化。

（2）小汽车可达性分析

获取实时小汽车出行时间数据,分析目标区域小汽车出行等时圈,可精准识别不同时间下的辐射范围。通过不同时段下辐射范围的对比,可分析该区域的交通区位优劣,也可对比不同方向下的差别,小汽车可达性分析图如图 2.17 所示。

（3）公交车可达性分析

获取实时公交出行时间数据,分析目标区域公交出行等时圈,可精准识别不同时间下的辐射范围。通过不同时段下辐射范围的对比,可分析研究目标区域的公共交通总体供给服务情况。

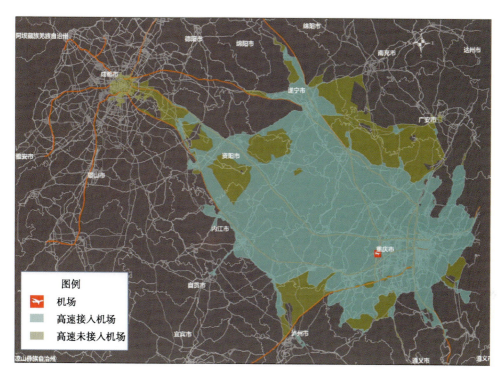

图 2.16　机场辐射范围分析

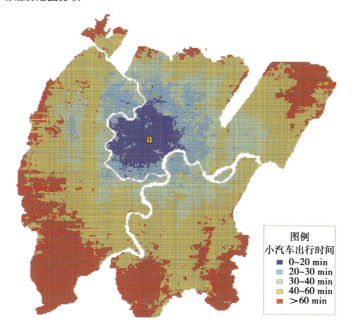

图 2.17　小汽车等时圈图(编者自绘)

(4)步行可达性分析

基于构建的步行网络,可以分析基于实际步行道路条件下的慢行可达范围。图

2.18为某轨道站点的步行覆盖范围图,该范围呈现不规则的形状,更贴近真实的慢行覆盖范围。

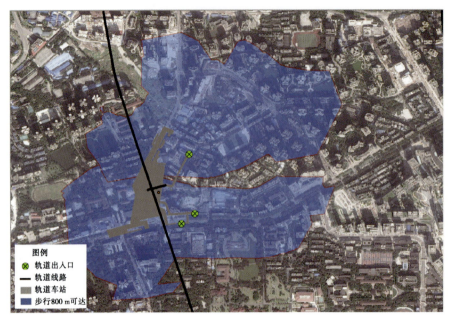

图2.18　轨道站800 m步行覆盖范围图

2.3.2　城市联系度分析

1)城市间联系度分析

通过城际迁徙的大数据分析,对城市间联系度进行分析。其中,城际迁徙客流包括航空、铁路、汽车三种交通方式的数据,通过这些数据可以从客流层面分析城市的对外联系程度。图2.19为某区域城市对外交通联系度排名图,对分析城市对外联系方向、城市中心区位空间拓展具有重要的支撑作用。

2)区域间联系度分析

(1)基于手机SDK数据的城市联系度分析

区域之间客流交互量的多少,是判断区域之间联系强度的直观数据。通过手机位置数据,可以精准识别区域之间的交通流向。图2.20为基于手机位置数据分析的璧山区对外交通联系程度图。

(2)基于铁路客运数据的城市联系度分析

除了从出行需求层面分析对外的联系程度外,还可以从交通设施的供给规模上分析两地区之间的联系度。图2.21通过全国火车客运发车班次数据,分析站点间的班次频次,从供给层面分析区域间的联系度。

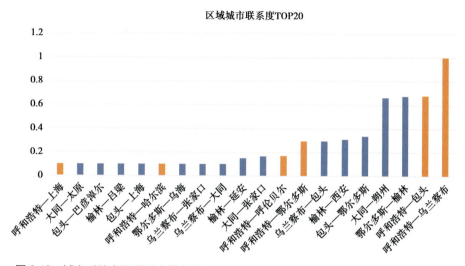

图 2.19　城市对外交通联系度排名图

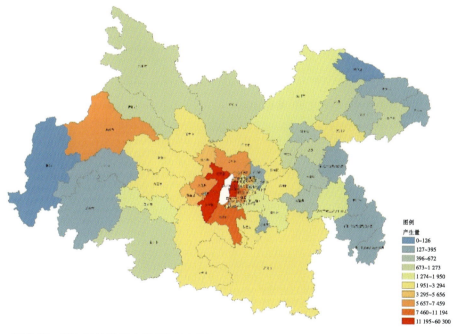

图 2.20　璧山对外联系度图（编者自绘）

3）片区对外联系度分析

　　手机位置数据的交通流向分析,除了可以用于区域层面的宏观分析,也可以聚焦到片区层面判断主要交通流的来向。图 2.22 为基于手机位置数据绘制出的重庆南坪片区对外交通流向的分析图,可以据此判断片区交通来源的核心圈层位置,以及外部客流的主要分布地点。

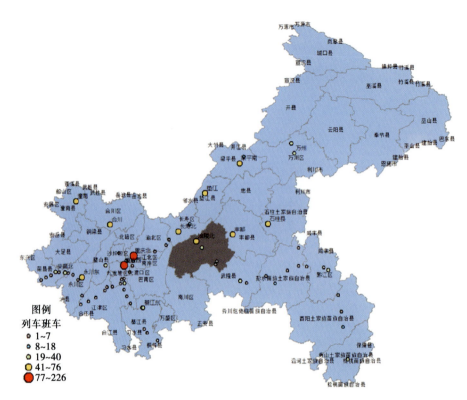

图 2.21　涪陵站对外联系度图（编者自绘）

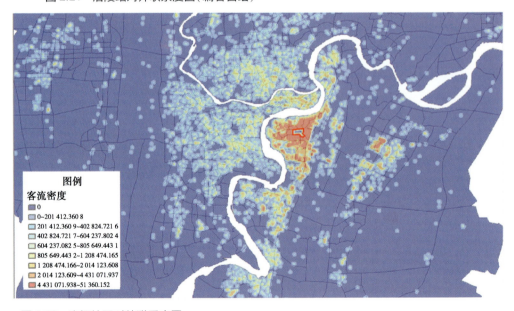

图 2.22　南坪片区对外联系度图

2.3.3　城市客流分析

1）职住分析

城市居住人口和就业人口的空间布局分析是城市空间功能识别的重要支撑。如图 2.23 所示,通过居住人口分布热力图和就业人口分布热力图就能明显地识别居住与就业中心所在,从而为城市功能空间的分析提供量化支撑。

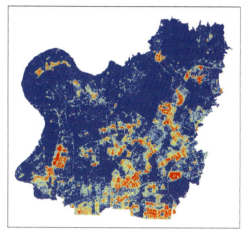

（a）居住人口分布热力图　　　　　　　　（b）就业人口分布热力图

图 2.23　片区人口与岗位分布图

2）客流分布分析

客流分布分析对城市交通特征的把握、方案的制订具有重要的指导作用。图 2.24 为通过手机位置数据识别出不同时段下的客流分布情况并绘制的客流分布图,通过该图可以分析得到片区全天的交通流向情况。

3）客流热力图分析

针对商场或者公园等具体的分析目标,也可以通过热力图形式来分析研究目标的客流来源分布情况,图 2.25 为某商业综合体的客流来源分布图。此分析结果有助于规划人员判断研究目标的主要客流来源方向,并以此制订对应的交通支撑方案。

2.3.4　公交客流分析

1）公交站点客流分析

通过对公交刷卡数据的处理,可以分析不同站点的上下客情况。图 2.26 为基于公交运营数据识别出的常规公交站点上下客分布,从而绘制出的公交站点客流分布

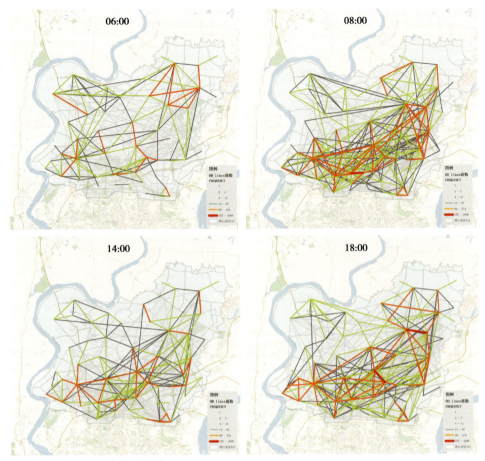

图 2.24　不同时段客流分布图

图。基于大数据的公交客流分析,不仅避免了大规模的现场调查工作,同时也能更精准地识别研究范围内的公交客流出行特征。

2）公交客流分布分析

通过刷卡数据,除了可以分析站点的上下客以外,还可以对公交客流分布情况进行分析。客流分布分析可帮助规划人员识别公交客流的分布特征,也可对某站点的公交客流分布情况进行分析,图 2.27 即为某轨道站点的客流分布图。

3）公交出行对象分析

基于公交运营数据的公交客流分析,将分析对象聚焦于公交站点或者公交线路,因受其数据特性的限制,无法对公交的个人出行者进行更详细的特征挖掘。研究团队通过手机数据和百度路径时间数据的融合,实现了对公交客流个体出行者的识别,基于该算法可识别公交出行者的分布情况,图 2.28 即为某轨道站点的客流来源分布图。通过该图可以看到轨道站客流的具体来源地,可以为轨道站点出入口优化措施提供量化支撑。

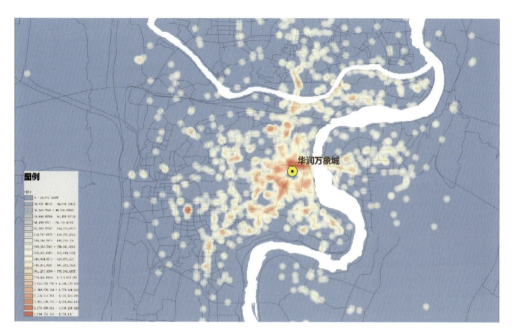

图 2.25　某商业综合体的客流来源分布图

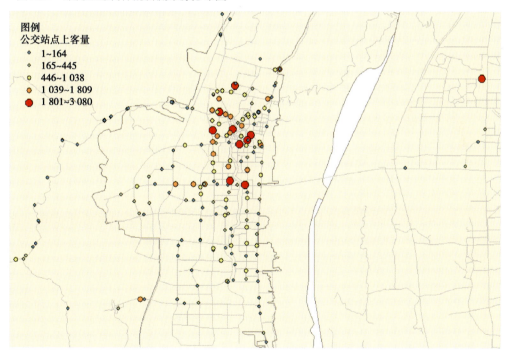

图 2.26　公交站点客流分布图

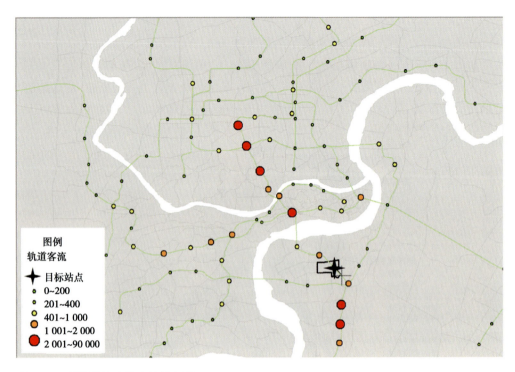

图 2.27　某轨道站点的客流分布图

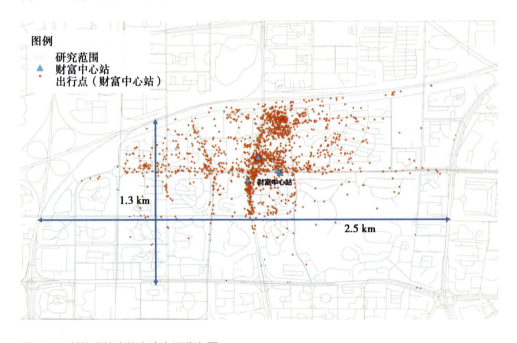

图 2.28　某轨道站点的客流来源分布图

2.3.5　道路运营分析

在道路运营分析中,除对宏观的城市道路速度进行分析以外,还可对具体路段进行微观研究。前文已介绍了道路速度数据的采集,基于该数据可以对片区道路的运营速度进行分析。图 2.29 反映了某片区抓取的实时道路速度数据,通过采集道路沿线各关键节点的速度数据,可以分析道路沿线的速度变化情况,从而为交通管理措施的制订提供依据。

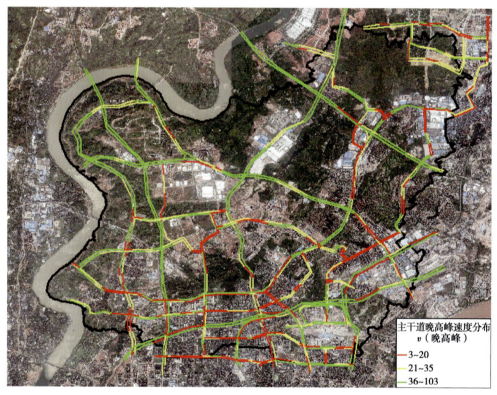

图 2.29　道路速度变化图

2.4　总结

本应用平台始终专注于交通咨询项目的业务逻辑,以 WebGIS 等新技术手段为基础,融合多源大数据,构建了交通大数据平台。平台也实现了交通项目由传统经验分析向数据化、智慧化分析的转变。目前,平台实现了对文本、矢量、栅格、地图等数据的在线管理和在线展示,同时初步完成了人口分析、职住分析、客流分析、等时圈分析等功能应用的上线。现在的应用功能还局限于对数据的可视化展示层面,下一步我们将融合更丰富的数据源,开展停车规划、通道规划、TOD 规划等专题研究,从而实现对规划方案的线上评估和比选。

第3章　重庆江津区一体化交通规划设计

　　江津地处重庆中心城区西南部,是渝西地区重要的功能节点,受山水分割明显,城市空间较为分散。本次江津中心城区一体化交通规划设计,是在重庆大都市区发展、江津区与中心城区交通一体化融合背景下开展的前瞻性规划,目的在于统筹江津区交通体系与城市形态、空间拓展的协调性关系,在区域层面和内部组团层面体现交通体系对城市空间结构、功能布局的支撑发展作用。融城一体化发展、片区一体化发展、基础设施一体化发展是本项目关注的核心要点。

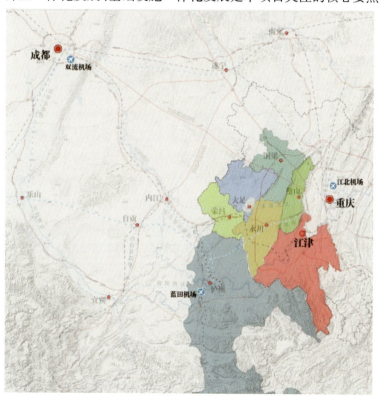

图3.1　江津区区位图

　　江津紧邻重庆绕城高速,是重庆市规划建设的同城化发展先行区、西部陆海新通道门户枢纽。在成渝地区双城经济圈建设的背景下,重庆首次提出主城区都市圈的概念。重庆中心城区辐射影响范围拓展至 120 km,都市圈空间模式由独立发展转向区域协调,打破传统主城区与近郊区发展隔阂,城市功能组织也将由梯度扩散向网络化联系方向发展。江津作为一体化发展中的紧密联系圈层,如何把握都市圈网络化组织机遇,进而成为新网络格局中的高能级节点,将是未来城市发展的引领方向。因此,如何进一步强化交通基础设施与城市用地、产业、功能的一体化发展,是本项目的重点规划内容。

值得庆幸的是,本规划项目与江津国土空间规划、空间发展战略规划等工作同时开展,有望实现在新的发展格局和趋势下,重塑空间系统,提升品质,共创空间结构、道路交通、基础设施一体化协调发展的局面,为主动融入重庆中心城区、有效承接主城产业转移和功能疏解、抓住高能级区域职能落位机遇奠定良好的基础。

3.1 城市基底分析

3.1.1 人口规模

2018 年,全区常住人口 139 万人,城镇人口 95 万人,城镇化率 68.4%。2010—2018 年城镇化快速推进,全区人口快速增长,年均增长约 2 万人,增长率为 1.5%。中心城区常住人口约 71 万人,其中城市人口约 60 万人,城镇化率为 84.5%,城市人口占全区城镇人口的 63.2%。从历年人口增长过程来看,中心城区城市人口呈持续增长态势,外出打工人口开始逐渐减少,年均增长 3.8%,年均增加 2.2 万人。

表 3.1　各区县城镇人口近 10 年的年增长态势(万人)

行政区	年份									
	2008	2009	2011	2012	2013	2014	2015	2016	2017	2018
沙坪坝区	1.13	1.21	5.76	5.02	2.74	1.05	1.77	0.84	2.18	0.68
南岸区	1.22	1.15	4.10	3.47	2.02	1.30	1.89	1.84	1.99	2.12
北碚区	2.80	2.54	4.26	3.22	2.05	1.26	1.93	1.45	1.94	1.51
渝北区	4.41	3.78	5.55	6.15	4.09	4.01	4.84	5.36	4.49	4.52

续表

行政区	年份									
	2008	2009	2011	2012	2013	2014	2015	2016	2017	2018
巴南区	3.80	2.69	2.75	2.36	1.90	1.61	3.18	4.40	2.65	3.12
九龙坡区	1.58	1.29	4.72	4.49	2.10	1.36	2.33	1.87	2.20	1.50
璧山区	1.32	1.39	1.19	3.52	3.36	2.44	1.50	2.96	2.02	1.93
江津区	2.88	2.57	3.05	2.40	2.40	3.65	4.74	3.73	2.88	3.44

3.1.2　空间格局

受南北空间屏障切割,江津区城市组团发展格局已形成。现状建成区有几江半岛、滨江新城、德感片区、双福片区、支坪片区、珞璜片区 6 个片区。

从城市空间结构上可看出(图 3.2),江津城市空间基于小城市框架布局,呈组团发展模式。为适应城区发展需求,打造一体化发展局面,江津开启了新一轮城市空间拓展布局,形成了"一轴两翼"的城市空间发展新格局(图 3.3)。

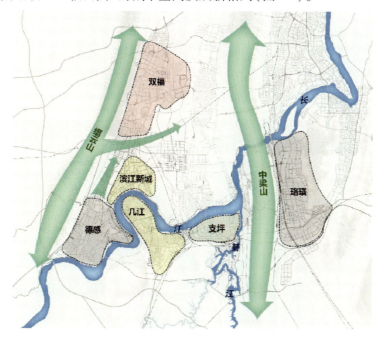

图 3.2　江津区现状城市空间结构

图 3.3 "一轴两翼"的空间结构

- 一轴:城市经济功能主轴,串联双福新区、滨江新城、几江半岛、支坪组团。
- 西翼:德感产业翼,包括德感工业园、德感街道。
- 东翼:珞璜产业翼,包括江津综合保税区、珞璜工业园、珞璜片区。

"一轴两翼"城市发展格局战略的提出,对交通系统的效率和服务质量提出了更高的要求。城镇化的加速,尤其是融城发展及城市自身交通系统完善和出行品质提升的需求,需要现状交通系统随之转变,以支撑城市"带状+组团式"城市发展格局,适应江津独特的山水格局,支撑"L"形的用地布局。

3.1.3 土地利用

江津中心城区空间战略规划以增加"一轴"地区用地为主,实现城市连片集中发展,重点打造江北生态创新城和江南文化康养城。其中,江北生态创新城将外移制造生产功能,增加产业研发用地,以双福为基础打造科教信息产业基地、汽摩产业基地、仓储物流基地和会议休闲区;江南文化康养城则适当增加服务用地、公园绿地,控制居住用地,在支坪组团发展医疗教育和高端旅游。

按照江津与主城同城化发展要求,2035 年江津全区城镇建设用地规模将达到约 180 km²,其中中心城区城市建设用地规模约 155 km²,人均指标为 110 m²/人,人口达 140 万人。

3.1.4　产业结构

江津区工业基础扎实,连续 15 年跻身全市十强工业区县,位列全市区县特色园区之首。立足于江津制造业基础,江津区具备发展智能智造的产业基础。因此,江津计划以创新引领智能、智造产业,采用集聚化发展战略,完善上下游产业链,依托双福、德感、珞璜的创新装备智造产业园,与大学城错位发展;同时,结合高校与实验室的基础创新和孵化基地,打造双福高效聚集区、陆军学院等。江津区产业分布示意图如图 3.4所示。

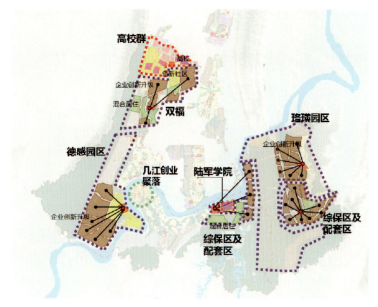

图 3.4　产业分布示意图

3.1.5　老城区发展情况

几江片区、鼎山片区作为江津的老城区,以 13% 的用地面积,承载了约 42% 的人口,是全区出行的核心片区。老城区的商业中心氛围相对浓厚,第三产业发达,吸引了周边组团大量的居住人口至此就业、购物,跨区交通出行需求大。虽然随着滨江新城新区的建设,江津区的行政中心职能及商业中心由几江半岛向滨江新城转移,但老城区人口密度大、公共资源集中、道路交通拥堵等问题仍然突出。

根据产业规划,为进一步打造创新活力商业体系,几江片区、鼎山片区将以原有的商业、文化为基底,构建面向生活休闲、文化旅游的特色商业服务产业,打造集文化商业、文化社区、文化展示多业态融合的文化体验区,塑造魅力老城区。

在新的发展要求下,江津城市格局逐步扩张,其功能的提升及中心体系重构对交通的发展提出了新的要求(图3.5)。在老城区层面,计划逐步疏解老城区过度集聚的功能和人口,控量提质,优化功能,重点考虑通过增加公共交通服务设施资源,缓解老城区的交通拥堵问题,双福、德感、珞璜等创新产业园区,进一步强化对外交通联系,以及园区与江津中心城区组团的衔接。

图3.5 现状城市空间结构及功能分布图

3.2 交通基底分析

3.2.1 交通出行特征

1)出行强度

从国内许多城市居民出行指标来看,人均出行次数多为1.6~3.0,并且呈现城市建成区规模越小而出行强度越大,城市建成区规模扩大而出行强度降低的趋势。如表

3.2 所示,2016 年江津中心城区 6 岁以上人口的出行强度为 2.62 次/(人・日),全天出行总量约 178 万人次。

表 3.2　江津区居民出行强度表

年份		2009 年	2014 年	2016 年
人均出行次数 [次/(人・日)]	总体	2.24	2.28	2.62
	几江街道	2.33	2.37	2.57
	鼎山街道	2.24	2.25	2.88
	德感街道	2.27	2.29	2.51
	双福街道	2.12	2.21	2.45

2)居民出行结构

调查结果显示(表 3.3),江津城区居民慢行交通(步行+自行车)出行比率为 55%,其次为小汽车出行,占出行总量的 16.07%,公共交通出行比率仅为 13.28%。现状居民出行结构比例图如图 3.6 所示。

表 3.3　现状居民出行结构表

出行方式	步行	自行车	公交车	小汽车	通勤车	出租车	摩托车	其他
百分比(%)	45.06	10.33	13.28	16.07	0.35	2.77	10.65	1.49

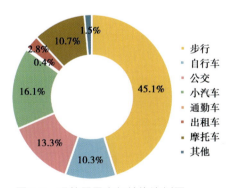

图 3.6　现状居民出行结构比例图

3.2.2　现状交通设施

1)对外交通

现状江津区对外交通设施以城市道路/公路系统为主,融城方向交通体系占主导

地位,如图 3.7 所示。

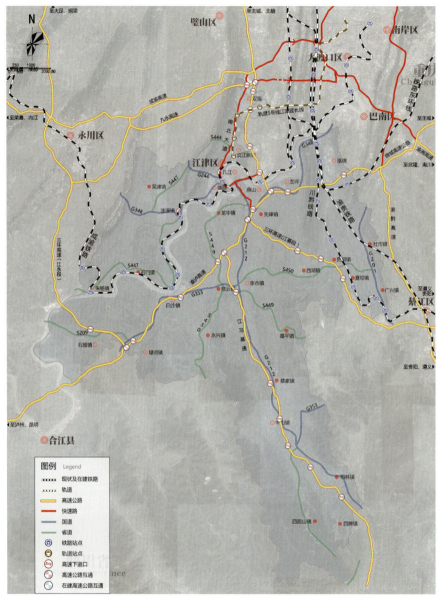

图 3.7　江津区现状对外交通设施布局图

●高快速路系统:现状已建成通车公路 4 条:新中梁山隧道—成渝通道、华福隧道—九江大道通道、白彭路通道、绕城高速(6 个出入口);另外,华岩隧道—成渝扩容线处于建设期。从道路数量级上看,融城通道设施在稳步实施中,但网络体系不完善。

●铁路系统:现有成渝铁路、渝黔铁路、渝贵铁路 3 条客货兼顾铁路线,但线路设施陈旧,线形标准、运速运能均较低。

●水运系统:以珞璜港为主导,形成江津区的作业码头体系。受航道通航能力限制,码头建设进度较为缓慢,且联运程度低,疏港通道不足,服务腹地配套基础设施薄弱。

江津区对外交通运输体系以公路运输为主,中心城区全天对外车流量 13 万辆,其中与重庆主城区方向联系占比达 75%(图 3.8),且处于逐年递增的趋势,导致主要交通通道趋于饱和状态。其中,中梁山隧道全日拥堵时长约 8 h,快速融城通道交通供需矛盾十分突出。目前,江津至主城大部分区域的联系时间均需要 1.5 h 以上到达,缺少系统性快速通道。现状江津区对外联系组团及出行时间如表 3.4 所示。

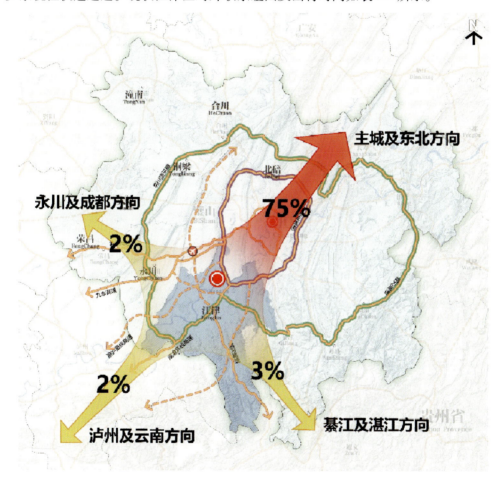

图 3.8　江津区对外出行示意图

表 3.4　现状江津区对外联系组团及出行时间

方向	联系组团	可达交通方式	出行时间(核心区)
向北	璧山、西彭、西永、科学城、北碚	高速公路、城市道路	20~95 min
东北	九龙坡、大渡口、沙坪坝、渝中区、渝北区	铁路、高速、城市道路	30~95 min

2）内部交通

（1）道路交通

从城市发展阶段判断，内部城市道路网络整体处于扩张期，德感、双福、珞璜片区的道路建设进度较快。如图3.9所示，建成区道路交通问题仍然较为明显，城区内丁字路和断头路较多，道路的连通性较差，城市交通干道严重缺乏，中心城区骨架干道系统受城市空间演变的影响而系统性较差。

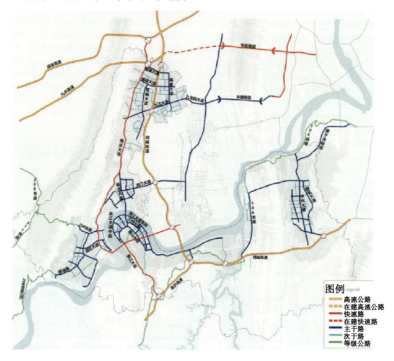

图3.9　现状组团内部路网结构图

江津区轴线方向上的几江组团、鼎山组团、德感组团、双福组团间的出行量较大，占总出行量的52%；其次是几江组团、鼎山组团与德感组团间的交通转换。各组团主要通过南北大道、几江大桥、德感老桥、鼎山大桥、S107等组团间单通道进出，跨江通道两端节点或路段通行能力不足，常形成交通瓶颈。随着行政中心职能的外移，以及各外围产业组团的竞争发展，跨组团交通联系是未来交通需求增长的主要方向。

（2）公共交通

重庆轨道交通市域线——江跳线全长31.3 km，全线设建桥C区、九龙园、双福、双岛湖、滨江新城、圣泉寺、几江、鼎山8个站，在跳磴站与轨道交通5号线接驳，并可与规划的轨道21号线、22号线换乘，如图3.10所示。

城区公交运营线路共21条，线网分布不均匀，交通干道公交线路密集，如图3.11所示。城区公交线路重复系数为2.01，其中鼎山大道、滨江大道东段的重复系数高达7.0，且公共交通走廊覆盖48.9%的就业岗位，低于中等城市参考值，公交出行便捷度整体不高,难以作为居民长距离跨组团出行的首选方式。

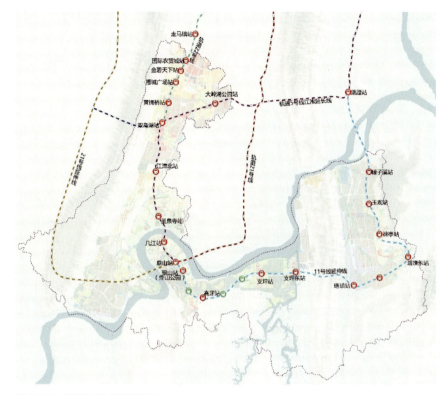

图 3.10　江津区轨道线网图

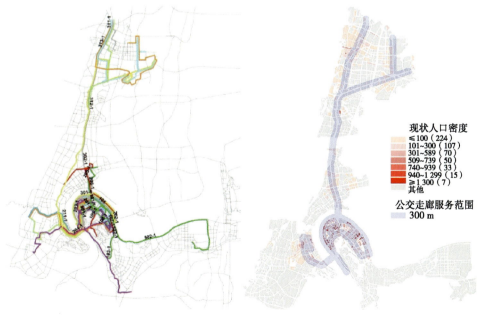

图 3.11　现状公交线网走廊图

虽然江津区通过用地功能外移等方式缓解交通压力过于集中的问题,但由于其城市空间结构呈"L"形分布,受空间阻隔制约,交通体系供需矛盾难以解决。随着城市扩张和人口增加,以及与主城及邻近片区的交通联系增长日趋紧密,江津区的跨组团、长距离交通出行需求将逐年递增,对对外通道及内部组团间通道的冲击将进一步增大,现有的出行方式及交通供给不足以支撑未来的城市发展和交通出行需求。

3.2.3　交通发展趋势

1) 科学城的强势带动,联动江津向东向北发展

重庆要在西部槽谷地带再造一座面向世界、面向未来的"中国西部重庆科学城",涉及北碚、沙坪坝、高新区、九龙坡、江津区,面积约 1 093 km²。科学城规划范围如图3.12 所示,科学城功能布局与产业分工如图 3.13 所示。

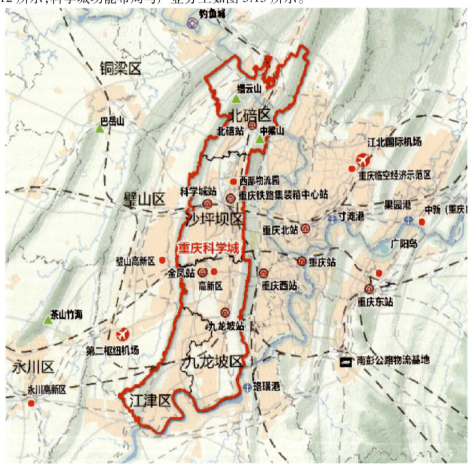

图 3.12　科学城规划范围

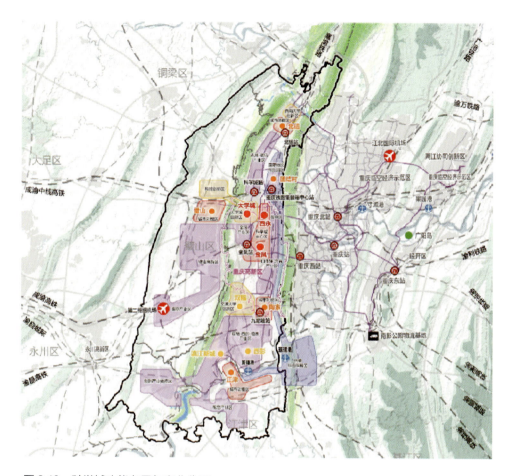

图 3.13　科学城功能布局与产业分工

在此机遇下,江津区作为成渝相向发展的重要节点,其江北城区已纳入重庆科学城统筹规划,在铁路系统网络、轨道交通网络、高快速路网络建设等方面,将实现与重庆主城区交通基础设施一体化共建共享,构建起快速融城、多向联通的交通支撑体系。

根据预测,未来融城交通出行比例将进一步增长,达到 35% 以上,约增长至目前的 4.5 倍,融城交通需求强烈,城市一体化进程正在全面加速。在全面融入大都市中心、承接主城区都市圈拓展空间层面,加快打通融城通道,实现与都市主城区的互联互通,是江津飞速提质的前提。

2)大型交通设施带来的城市发展机遇

一系列重大交通设施的建设和选址正在逐步提升江津区域性交通枢纽的地位,江津需做好重大交通设施布局及与城市交通的衔接,支撑综合交通门户枢纽的打造。要利用好铁水公交通资源,发挥珞璜港、小南垭铁路港、未来重庆第二机场的临港优势,抢抓重庆对外开放与区域服务职能,在重庆建设内陆开放高地的进程中,实现辐射影响力的提升。

（1）铁路

江津与主城核心区距离约 50 km，按照铁路干线运速测算，平均客流输送时间约 30 min。如图 3.14 所示，规划形成"4 高+2 城际+1 普铁"融城铁路系统，通过规划新增渝昆高铁、成渝铁路扩容改造等措施，构建"高铁+城际+普铁"的大运量融城公共交通出行方式，串联起江北新城、科学城乃至主城核心区各大枢纽站点，谋划城际铁路公交化，将大大缩短江津融城时空距离。

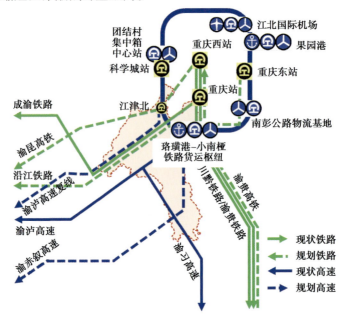

图 3.14　主要铁路交通枢纽与通道

（2）航空

规划中的重庆第二国际机场落位于璧山，距离江津中心城区（几江老城）约 20 km，如图 3.15 所示。江津中心城区位于第二国际机场临空都市区核心圈层，未来将承接航空都市与空港产业的双重功能，需要构建与之相匹配的交通网络布局，充分发挥"航空+港口+铁路+公路"的交通联动优势，坐实江津作为交通枢纽门户城市的功能定位。

（3）水运

如图 3.16 所示，江津港已具备大枢纽格局，以珞璜港为核心，联动其他作业码头，汇集 4 条铁路和 2 条高速公路，依托小岚垭铁路货运站、珞璜工业物流园区与江津综合保税区为腹地，已成为重庆市四大交通枢纽之一。

随着重庆都市区发展战略拔高，在港口主要辐射的西部槽谷区域，将聚集以重庆高新区、铁路保税物流中心、重庆自由贸易区、中新示范项目为代表的产业功能区，同时承接主城核心区产业功能转移。目前，江津港多式联运系统薄弱，港口码头的疏港能力不足，这也给江津的港航系统带来巨大挑战。

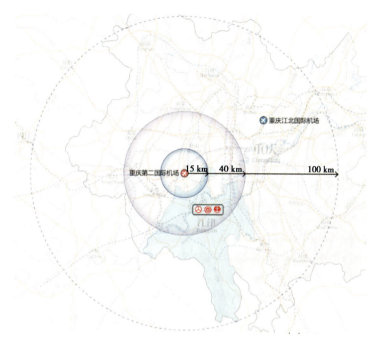

图 3.15　江津区与第二国际机场区位关系图

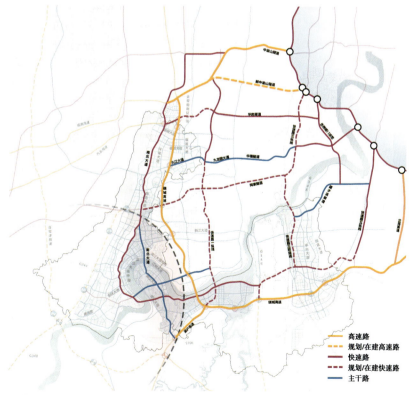

图 3.16　重庆多式联运物流枢纽体系

3.3　一体化规划策略

3.3.1　关键问题识别

前文分析了江津城市空间结构、城市发展、交通基底等情况,纵观江津的交通发展趋势,江津在一体化交通发展方面面临如下几个重大问题。

- 融城一体化:现状出行方式以机动车为主,通道趋于饱和,且缺少大运量的公共交通系统,交通供需矛盾突出。
- 大型基础设施一体化:虽作为主城区的西南向桥头堡,但江津公路、铁路、水运的联运效率不高,各交通方式功能单一,同时还受新增交通基础设施落位的影响,需进一步加强中心城区与交通核之间的紧密衔接。
- 组团内部一体化:受地形、地势影响,江津内部路网呈现不规则布局,组团间通道单一,且公交设施供给存在短板,小汽车保有量不断上涨,导致在组团间通道及关键节点形成通行瓶颈,交通运行不畅。

结合现状存在的交通问题,以及城市发展面临的趋势与挑战,提出交通一体化的总体发展思路与建议。

3.3.2　一体化规划策略

1)构建多模式、多通道的分区一体化融城交通系统

面向科学城、九龙坡区、巴南区和大渡口区等邻近片区,根据城市功能组团划分,采取差异化融城通道分区策略(图 3.17),构建与主城各组团的一体化道路运输网络,突出融城多通道选择和分片区一体化融城交通发展策略,实现不同组团对接不同方向,并强调交通网络的高可达性和连通性。

2)构建复合集约的交通走廊和绿色交通网络体系

加快以高速铁路、市域铁路等大容量轨道为主的区域大通道建设(图 3.18),充分挖掘"高铁+市域铁路+城轨"组合的快速融城通道服务能力,强化铁路综合交通枢纽换乘功能,实现多层次公共交通无缝换乘,提高公共交通运输效率。

3)挖掘现有设施潜能,搭建互联互通的内部交通循环网络

构建与规划城市空间结构、土地利用布局相适应的道路网系统。结合城市道路现

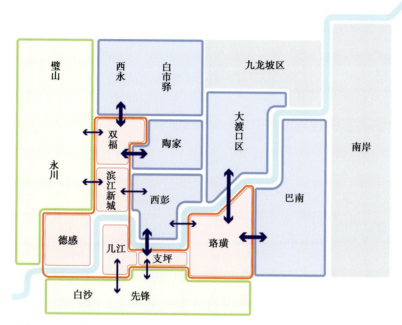

图 3.17　江津交通一体化发展结构图（编者自绘）

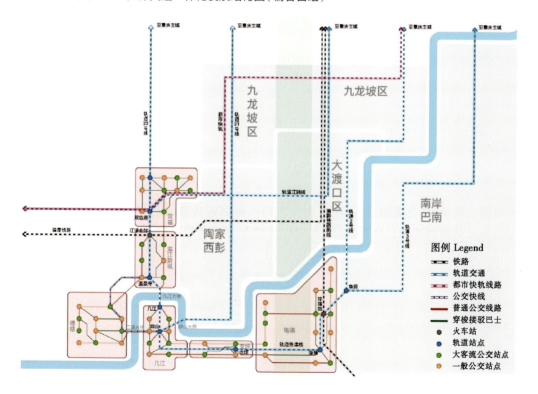

图 3.18　江津区多层级融城公共交通模式图（编者自绘）

状建设、规划情况及未来城市发展要求,合理优化内部城市干路网结构,并以现状道路网和城市总体规划中道路网规划为基础,分析、评价、调整、完善城市主要道路网络布局。

3.4 中心城区交通与城市空间一体化规划方案

3.4.1 融城通道一体化

1)快速融城通道方案

通过构建快速化、网络化的高快速通道网络,实现江津中心城区与主城核心区在时空上的有效衔接。规划在对既有规划进行梳理总结的基础上,形成 11 条快速融城通道,包括 2 条高速、6 条快速路和 3 条主干路,如图 3.19 所示。

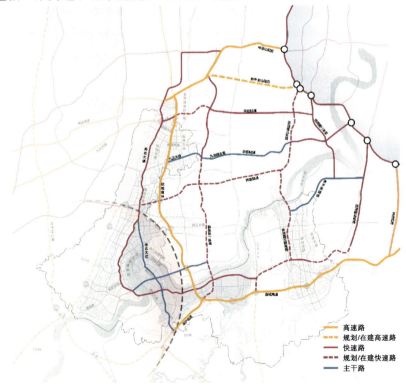

图 3.19　11 条快速融城通道

2）城市道路融城方案

依靠主次干道系统，构建短距离融城发展的交通通道。将邻近片区分为 5 个片区，相对应地在江津中心城区内部形成 6 个重要交通锚点，完善内部组团和相邻外部组团的交通联系，如图 3.20 所示。

图 3.20　江津融城片区划分与内部链接锚点

规划形成 33 条融城通道，可有效改善江津融城的时空距离，提升融城交通效率。利用快速化通道的紧密联系，在总体布局、规划建设、统筹管理方面实现一体化建设发展。

3.4.2　内部组团一体化

构建与规划城市空间结构、土地利用布局相适应的道路网系统，最主要的就是解决单通道的问题。因此，在内部一体化方面，为突破山水阻隔固化的交通格局影响，规划提出差异化解决思路。一是针对不受自然地形分割的邻近组团，因组团间地势较为平坦，可结合组团功能及城市用地，规划多选择、多功能的交通廊道；二是针对需通过跨江翻山衔接的组团，从加强连通、引导分流的角度出发，在缓解交通瓶颈的基础上，提供更为高效、便捷的交通路网结构。下面介绍内部组团一体化的主要优化措施。

1）优化道路功能，强化组团衔接

在优化道路功能、强化组团衔接方面，以南北大道举例。南北大道作为江津"一轴"的主通道，串联双福组团、滨江行政组团，现状双福组团段局部路段为双向 4 车道,其余路段为双向 6 车道,其通行能力与功能定位严重不匹配。

（1）调整道路断面

结合上位规划,调整南北大道道路断面,将整体道路等级提升为快速路。其中,双福段为全线双向 6 车道规模,滨江新城结合轨道建设,提升为双向 8 车道规模,以满足未来的交通出行需求。南北大道断面优化方案如图 3.21 所示。

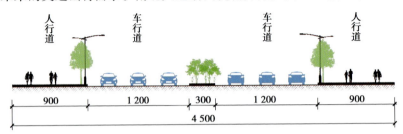

900　　1 200　　300　　1 200　　900

4 500

（a）南北大道双福段断面示意图（编者自绘）

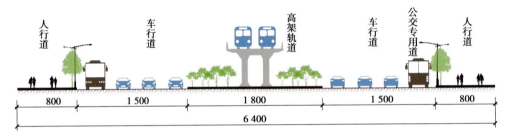

800　　1 500　　1 800　　1 500　　800

6 400

（b）南北大道滨江新城段断面示意图（编者自绘）

图 3.21　南北大道断面优化方案

（2）剥离货运功能

结合德感园区工业用地,沿西侧缙云山规划一条南北向组团间干道,剥离南北大道货运交通,净化中心城区核心骨架路网道路功能,降低货运交通对城市的影响。

（3）构建丰富的干道衔接网络

结合城市用地,形成"一主三辅"组团间南北向干道系统,分流现状南北大道交通,形成多通道的纵向干道系统。

2）突破山水阻隔,有效利用区域型道路,构建循环连通网络

（1）跨江通道

为分流德感老桥的过境交通,服务远期城市用地发展,需规划新增跨江通道。规划在城市空间及用地基础上,提出两条跨江通道的线位比选方案,如图 3.22 所示。两种方案的交通预测图分别如图 3.23 和图 3.24 所示。

（2）城市组团环线方案

通过有效利用西彭组团及区内道路,连通融城通道,构建东西向道路结构,彻底打破江津"L"形城市结构的限制,形成"回"字形循环通道（图 3.25）,既满足缩短原本珞璜组团至双福组团的时空距离,也可构建江津西彭组团的区域型环形路网结构,实现

区域高效串联、内外环客货分流、过境分流的功能。

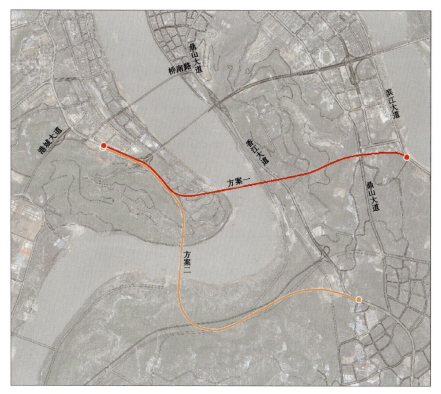

图 3.22　两种跨江桥梁方案平面图

图 3.23　方案一交通预测图

图 3.24　方案二交通预测图

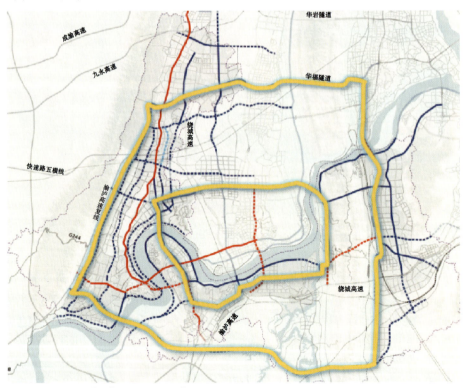

图 3.25　区域"回"字形循环通道

3.4.3　复合通道一体化

1）融城大运量铁轨交通系统

充分挖掘"高铁+普铁+城轨"组合的聚合优势,构建大运量绿色通道,强化枢纽功能。通过"铁路+轨道+高快速路"交通走廊复合模式,打造集多种交通方式为一体的复合廊道,以走廊契合空间发展轴,打造集约化的交通出行模式,实现与核心功能区及重大交通基础设施 1 小时全部可达。

结合上位规划,规划以轨道为骨架的公共交通服务体系,并联动铁路系统,形成"多层次、全面覆盖、便捷高效"的现代公共交通系统。主要措施有以下两点:

①优化轨道线路及站点,提高服务能力。

②促进三铁融合,强化枢纽功能聚合优势。

2）重庆第二国际机场衔接

结合第二国际机场落位,构建高速铁路、轨道交通、高速公路、快速道路为一体的多层级交通设施供给体系,促进公路、铁路、水运联运。

3）公铁水联运

依托珞璜港、综保区、珞璜铁路综合物流中心,联动北侧团结村渝新欧铁路枢纽、西北侧璧山第二机场,构建空—铁—水—公多式联运物流体系,助力区域开放发展。规划依托珞璜港,构建"一心两轴"的大枢纽、大通道,形成"公—铁—水—空"多式联运系统,实现区域重点枢纽联动和直连直通,助推区域开放发展,如图 3.26 所示。

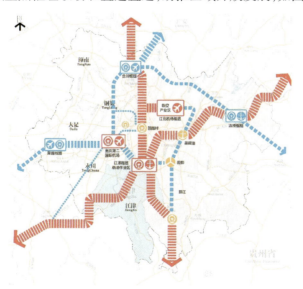

图 3.26　江津区多式联运体系示意图

4）关键对外转换节点提升

强化快速路三联络对沿线组团、园区的交通服务，并预留与江津城市干道的衔接转换节点，提高铁路货运枢纽对外转换能力。

3.5 几江老城交通功能提升

3.5.1 拥堵原因分析

1）人口密度大，交通设施供需矛盾突出

几江老城区作为江津区商业中心，第三产业相对发达，人口密度大，至此就业、购物引发的交通需求大。但老城区道路网的供给能力相对较小，内部承担交通组织功能的道路基本只有双向两车道，相对于巨大的交通需求，交通设施供给能力严重不足。各组团人均建设用地情况如表 3.5 所示，现状人口密度图如图 3.27 所示。

表 3.5　各组团人均建设用地情况

组团名称	人均用地（m²/人）	组团名称	人均用地（m²/人）
几江街道	45.66	德感街道	167.50
鼎山街道	120.57	双福新区	232.56

2）老城路网稳定性差，改造难度大

几江半岛道路主要呈典型的"几"字形布局。如图 3.28 所示，路网呈现"方格网格"状态，主、次、支路网级配不合理（1∶1∶1.6），路网总体密度低于国家规范值。老城现状人行道宽度较窄，无建筑后退空间，拓宽改造受限，慢行出行品质较低，且步行街导致路网连续性较差，现状照片示意图如图 3.29 所示。

3）公交秩序混乱，占道停车现象突出

受道路条件影响，老城公交车辆占道停靠的比例较高，对道路运行造成了较强的直接干扰，公交车站成为道路常发性拥堵点；同时，七贤街、相府路、临江路等单行道路存在公交车辆逆行的现象，如图 3.30 所示。

4）停车缺口大，静态交通干扰交通运行

根据调查，老城区整体停车缺口较大，几江片区停车泊位差额为 1.49 万个泊位，鼎山片区停车泊位差额为 0.17 万个。路内、路外停车比例失衡,路外停车配建比重严重不足,路内占道停车对几江半岛干道的交通影响较大,如图 3.31 所示。

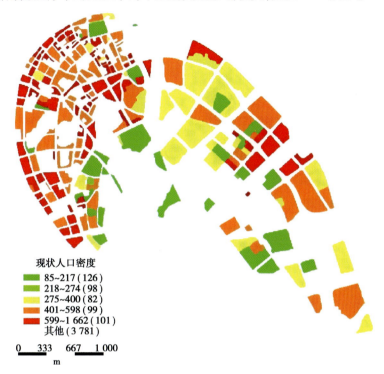

图 3.27　现状人口密度图

图 3.28　几江半岛局部路网图

图 3.29　现状照片示意图

图 3.30　几江半岛公交现状

图 3.31　几江半岛停车现状

3.5.2　交通功能提升策略

几江老城交通功能提升分为新城老城一体化联系和老城内部交通缓堵对策,其中新老城一体化联系已在前文阐述,主要包括组团通道衔接、轨道交通优化以及职能转移等措施。因此,本章节将重点分析如何缓解老城区内部交通拥堵的问题。具体策略如下:

①强化干道,优化内部交通组织。通过疏通关键节点,挖潜老城区城市干道交通通行能力,缓解核心区交通压力;优化交通吸引点组织流线,同时对核心区瓶颈通道进行改造,提高其通行能力。

②全面提升公共交通服务能力。倡导公交优先,通过优化公交线网、新增公交专用道、提升公交管理水平等措施,提高公共交通等绿色出行比例。

③缓解停车矛盾。新增停车泊位,规范路内停车,建立同步配套的市政监管,缓解停车矛盾。

3.5.3　道路交通优化

1)关键通道通行能力提升

以东门转盘近期改造方案为例,如图 3.32 所示。该节点位于几江老城核心区,承担几江半岛与滨江新城、双福等组团间的交通转换功能。作为一个 5 路交叉口,拥有 16 条交通流线,同时区段内纵坡大,转盘半径小,极容易造成车辆刮擦与积压。现状交通运行车速只能达到 10 km/h。

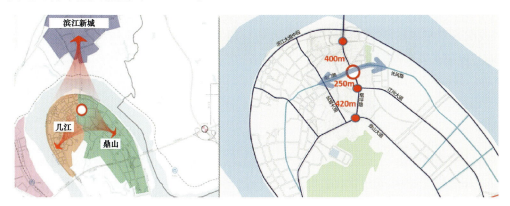

图 3.32　东门转盘节点区位功能

随着滨江新城以及双福等江北新城的建设,跨江出行需求逐渐增大,东门转盘节点流量将迅速增加,节点近期预测流量已达 2 980 pcu/h,远高于其通行能力,必须对该节点进行交通改造。

改造思路以"南北保畅,东西连通"为原则,在保证主要流向的基础上进行方向管制,将原有 16 条流向减少至 7 条流向,并进行信号灯控制放行。东门节点近期改造前后对比示意图如图 3.33 所示。

图 3.33　东门节点近期改造前后对比示意图

通过金钗井路、大同路单向交通组织、文化馆单循环组织,拓宽局部连接道,区域交通运行顺畅,既满足上下桥交通需求,也确保东西连通。

近期改善方案(图 3.34)经交通评估,认为其节点通行能力提升 2 倍,满足近 5 年的交通需求。

2)重要交通节点改善

对老城区内 17 个关键节点进行改造,通过交通组织优化、完善人行过街、新增信控或配时配相调整等综合措施,改善节点通行能力,提升交通服务水平,减少节点交通冲突,保证车辆和行人出行安全。

3.5.4　公共交通完善

1)公交线路

如图 3.35 所示,通过优化公交线路、增设公交设施、规范公交运行等手段,缓解公交车运行对老城交通运行产生的不利影响。

①利用平行道路,对存在逆行行为的公交线路进行局部线路调整,以消除冲突。

②取消部分非机动车道,增加公交专用道。

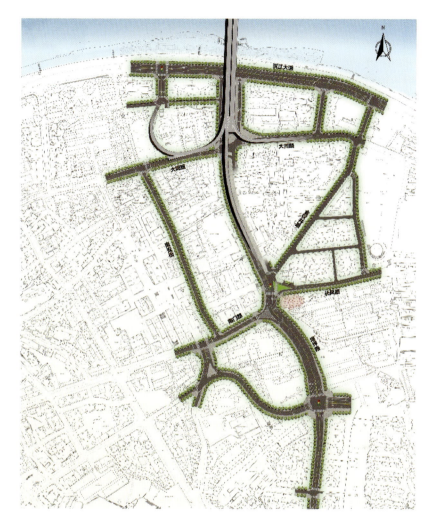

图 3.34　近期改善方案

2）公交站点改造

如图 3.36 所示,对老城中心城区 20 处公交站点进行改造,在保证车道宽度满足双向通行的前提下,局部占用人行道设置公交站点,避免公交车停车上下客对后方小汽车造成干扰。

3.5.5　停车设施优化

1）路内停车

路内停车具有停车方便、设置灵活、占空间少、步行距离短等特点,是城市公共停车系统的重要组成部分。但路内停车占用了一部分道路面积,降低了道路的通行能

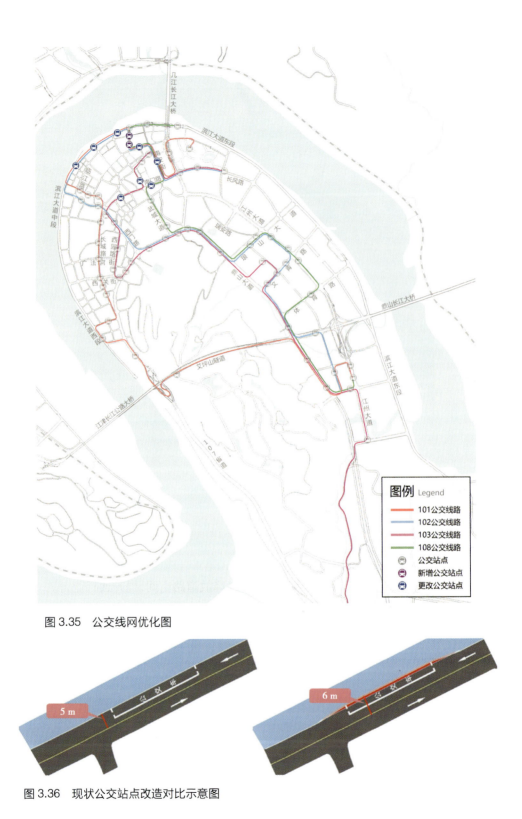

图 3.35　公交线网优化图

图 3.36　现状公交站点改造对比示意图

力,若停车管理不力则易使城市交通秩序产生混乱。因此,在交通量较大的主干路两侧,占道停车要逐步取消;对于部分次干道及支路,在道路通行能力富余、停车位供给不足的情况下,可布置路内停车位,以减轻停车压力。

　　规划在几江老城选取两处道路新增路内停车泊位,通过优化断面、规范停车行为,补给老城停车缺口,如图 3.37 所示。

图 3.37　路内停车设施优化

　　与此同时,规划也综合考虑停车需求、道路交通运行与政策法规三者间的平衡关系,提出以下三点建议。

　　①结合城市更新与旧城改造,对较为聚集的非核心功能吸引点进行搬迁,降低其停车需求,并利用搬迁用地新增公共停车场。

　　②调整局部垂直停车位改为平行停车位,以释放道路空间,提升通行能力。

　　③明确停车管理节点及区段,建立同步配套的市政监管措施。

2)路外公共停车场

　　在对停车需求总量的合理预测和控制前提下,结合停车发展目标,适度规划路外公共停车场,如图 3.38 所示。

　　虽然通过新增停车设施,在一定程度上了缓解老城区停车难问题,但是仍存在停车缺口。因此,规划结合旧城改造,提出疏解功能与人口、倡导停车共享等整合措施。例如,建议周边小学、住区空置车位等对外开放,并开展共享车位的建设与管理。

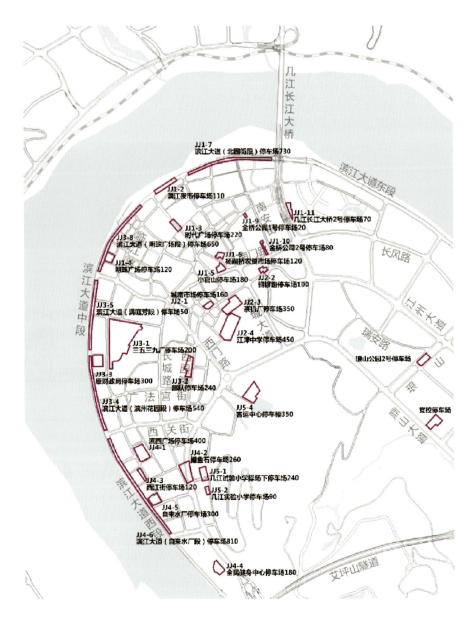

图 3.38　几江老城规划新建公共停车场布局示意图

3.6　项目总结

项目最开始仅仅是对城市交通节点进行梳理,并提出改造方案。但随着项目推进,为解决城市空间拓展、功能发展、老城品质提升等发展需求,本次规划逐步演变为城市综合交通体系规划,且后期进一步与外部单位通力合作,完成了《江津"一轴两翼"地区空间发展战略规划——江津区重要通道专题研究》,总共历时 4 年。在这 4 年间,城市格局的改变及交通战略的重新部署,都为江津的发展带来了机遇和挑战。随着时间的推移,我们也在进一步思考如何构建便捷、高效的城市综合交通网络,以促进江津城市永续发展。从整体来看,规划项目主要通过以下几个层面强化了江津中心城区的一体化交通发展:

①对外层面,通过搭建快速融城通道,构建起一体化大中运量轨道系统,减少了居民出行时间,促进都市区一体化发展进程。

②内部系统层面,以大中运量公共交通+私人机动化交通复合主通道为动脉、以次支路为补充的复合集约交通走廊,突破南北狭长蜂腰及东西山江阻隔制约,适应江津独特的"L"形城市空间格局,支撑带状加组团式的用地布局。

③交通枢纽层面,结合重庆第二国际机场、珞璜港、江津北站等基础设施落位,统筹高铁、城轨快线、城市轨道、常规公交及道路网络,构建多层次、多模式的综合交通体系。

④针对老城拥堵整治,通过核心瓶颈干道扩容、强化交通组织微循环等措施,挖掘现有设施潜能,综合整治,小改造、快见效。

在项目推进过程中,为保障项目落地,在宏观规划分析的同时,着重加强了中微观交通组织设计与工程方案研究,对新增跨长江大桥、骨架路网、立交节点等做到选线选型深度,满足控制性详细规划要求,直接指导项目建设。

截至 2020 年,随着重庆第二国际机场落位,江津区已经积极开展衔接机场快速通道系统专题研究;浒溪路北延伸线、春晖路北线均已经纳入滨江新城控规成果,多个干道系统已完成设计并进入施工阶段;老城交通设施及微循环交通组织,已进入前期方案设计阶段。

第4章　珠海横琴、保税区、洪湾片区
一体化发展交通融合与提升研究

项目从交通可持续发展角度出发,构建多层次公共交通出行网络,引导交通与土地一体化立体综合开发,提升和挖潜通道系统运输能力,营造街区出行活力和体验,致力于实现区域城市综合交通体系的一体化融合和功能提升。在宏观—中观—微观三个层面,对项目区域的交通体系进行系统量化分析、多方案比选和多情景交通模拟仿真,预研交通设施服务能力及预控合理规模,并契合城市各发展阶段的空间结构、土地利用和产业布局,为一体化区域的城市协调发展和新中心发展目标提供支撑、保障和指引。

4.1　项目综述

四十年斗转星移,从海湾小城到国际化大都市,珠海这座美丽的海滨城市发生着翻天覆地的变化。作为我国的经济特区,珠海正以开阔的视野、开放的姿态、包容的胸怀,融入世界发展的舞台。

粤港澳大湾区的深化合作,尤其是港珠澳大桥建成通车,将带来珠三角交通结构的重大变化,也将为珠海打造大桥经济带桥头堡提供历史性机遇。珠海将集聚客流、货流、资金流、信息流,成为珠江西岸最重要的服务业集聚地。大湾区的深化合作为珠海未来三十年的发展提供了新的平台,成为珠海经济社会发展最重要的牵引力之一。

在历史发展的十字路口,珠海横琴、保税区、洪湾片区将全面实现一体化发展,构建起城市新中心,成为城市发展新的增长极。在此背景下,城市交通规划设计需要思考并回答一个问题:应该为新中心构建何种交通体系,提供何种交通服务,以支撑新中心更好、更快、更优发展。

如图 4.1 所示,本规划项目紧密围绕珠海市在粤港澳大湾区、"一带一路"建设过程中城市发展格局和定位发生重大变革的大环境,同时综合考虑重大基础设施及城市功能布局调整的影响,对珠海市横琴、保税区、洪湾片区一体化发展区域的城市交通系统进行重构,致力于实现区域城市综合交通体系的一体化融合和功能的整体提升,为一体化区域的城市协调发展和城市新中心发展目标提供支撑和保障。

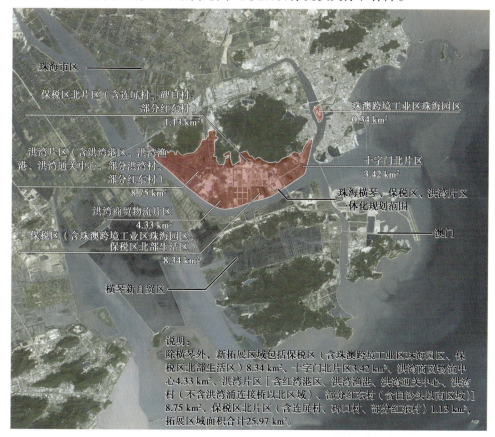

图 4.1　项目核心研究范围示意图

一体化规划区域如何在空间资源受限条件下进行高体量城市开发,是项目面临的核心问题。对澳口岸的布局、保税区围网的影响、洪湾港的物流交通、马骝洲水道的分割,更是加大了区域交通融合提升的难度。复合快速通道的建设,大容量的公共交通系统供给,多模式水陆交通的衔接转换,关键通道、关键断面的交通供给能力提升,以及推动可持续的一体化发展模式,成为应对交通需求的必然手段。

4.2　城市与交通发展环境

4.2.1　城市基底

1）山水城市，平原地貌

如图 4.2 所示，珠海市地貌属于典型的断块隆升山地与沉降平原地貌形态，山水地理特征显著。

图 4.2　一体化区域地形地貌及建设情况航拍

2）山水环绕，地形蜂腰

珠海市市域空间呈现两端大、中间小的"哑铃"形形态，城市大通道系统发展受限。

规划区受黑白面将军山、马骝洲水道、前山水道、磨刀门水道制约，一面依山、三面环水，中间为缓坡平原。向东与向北形成多处蜂腰地段，呈现"橄榄球"形形态，城市内外联系通道受限。

图 4.3　珠海市市域土地利用与空间分布形态图

4.2.2　城市发展环境

1）城市功能与发展趋势

一体化区域汇集国家级新区——横琴新区、珠澳自贸口岸、综合保税区和洪湾港通关口岸等地缘与政策优势,将深度整合区域优势职能和释放产业开放链接活力。一体化区域城市功能由组团级提升为珠海城市新中心、粤港澳合作平台和大湾区西部发展极。

2）城市建设与土地利用

规划区主要划分为珠海市综合保税区、洪湾物流园区、洪湾港、洪湾渔港及临山居住区等片区。区内土地大部分已出让完成,部分建筑已经修建,用地红线关系清晰。

图 4.4　一体化区域山水格局与蜂腰形态图

图 4.5　一体化区域城市功能新格局
（图片来源于城市设计方案——《珠海城市新中心概念设计》）

受城市发展战略和开发时序影响,目前城市建设进度较为缓慢,滞后于周边区域发展,这也为城市更新发展提供了良好的再规划基底和后发优势。

城市土地利用规划对现状用地布局进行重新整合,土地利用发展方向由原有园区产业、总部经济用地功能向商务商业、公共服务设施用地转变,对已发件尚未建设用地进行土地回购。规划区总用地面积 46.64 km²,其中建设用地面积 30.41 km²。

城市设计对一体化区域核心区做进一步加强,中心继续"增密、长高",核心区平均容积率接近 10,最高达 24。高层建筑集中在核心区和商务区,形成高层建筑集聚区,展现珠海城市新中心形象,打造城市标志性景观。其他片区结合用地功能、自然环境条件(滨水沿山)控制开发强度,适当提高城市设计中的重要节点、重要轴线开发强度。

图 4.6　一体化地区建设用地布局规划

（图片来源于《横琴、保税区、洪湾片区一体化发展区域规划方案》）

图 4.7　一体化地区建设用地开发强度

（图片来源于《横琴、保税区、洪湾片区一体化发展区域规划方案》）

3）产业布局

以港珠澳大桥的建成为契机，发挥在广深珠港澳"半小时生活圈"中的连接作用，凭借珠江西岸区域性枢纽区位优势，借助跨境通道和自贸区叠加的政策优势，发挥自身海洋工程装备、游艇、通用航空制造产业优势，承接港澳产业转移；整合海港资源、空港资源、跨境便利执业、货物贸易自由化、跨境金融等优势产业，对接核心城市和带动珠江西岸发展，形成城市发展新引擎。一体化区域产业包括商务区、会展中心、保税区、创新示范区、核心区、通关中心、物流园区、贸易港口、渔港等模块。

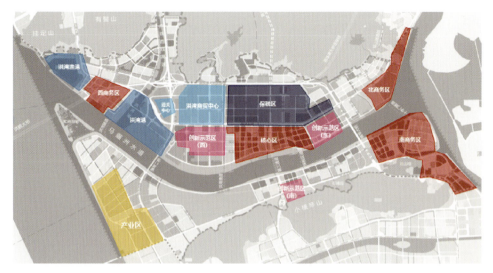

图 4.8　一体化区域产业功能布局
（图片来源于《横琴新区与保税区、洪湾、湾仔区域一体化项目产业策划》）

4.2.3　交通发展环境

1）内部交通

城市发展战略和开发时序是规划区交通体系供给滞后的主要原因。虽然近期城市开发建设速度加快，但依然与城市发展诉求脱节，无法补齐交通供给不足的短板。

图 4.9　一体化区域现状路网图

同时,保税区因其特殊性需要设置物理围网,与外界交通联系往来均需通过出入关卡来实现,不能自由、无限制地与外界进行通勤与物流运输联系。既有的道路资源被保税区围网强制性占用或隔离,导致城市路网体系破碎、交通联系极为不畅、功能紊乱,无法达到城市路网系统功能预期,制约一体化区域的总体发展。

受保税区范围影响,商务办公用地与物流仓储用地交错混合布局,未设置货运专用通道,导致规划区内客货运混行现象较为明显。同时,规划区内集中式用地布局不仅没有起到减少交通出行的目的,反而因其自身用地功能匹配不合理,导致规划区内产生职住不平衡、城市内部交通联系偏弱、跨区长距离出行需求增长、机动车出行大幅增加等问题,进一步增加了对外通道的压力。

2)对外通道

对外通道线位与城市蜂腰地段的水道和山坳相重合,对外通道建设空间狭窄,通道单一。受蜂腰地形制约,珠海市老城区与往返横琴本岛、西部城区的车流在南湾地区叠加,跨前山河、马溜洲水道和穿黑白面将军山的交通压力较大,一体化区域进出交通拥堵常态化。

图 4.10   一体化区域现状路网图

产业基础设施布局与交通建设环境对对外通道的影响显著。在老城方向,对外通道沿线土地利用强度大、混合程度高,如珠海国际会展中心等均处于通道沿线两侧,逢重大节假日、举办大型会展活动期间,交通流增长迅速,形成交通瓶颈。通道长期受城际铁路、港珠澳高速北延线等城市重大基础设施施工影响,本不富裕的通道空间常被施工场地临时占用和交通管制,导致出现长时间的交通拥堵甚至交通瘫痪。西部新城和中山方向的对外通道,受洪湾港区和物流园区的影响较为明显。港口处于搬迁整合和逐渐建设阶段,其既有建设用地与预留交通设施能力需求不匹配,港口进出物流车辆较多,进出交通排队较长,物流车辆直接汇入城市交通系统。临港工业和港口之间没有建立起协调发展的良性互动,港区与城区之间缺少物流专用通道,疏港交通与城市交通相混杂,货运交通体系亟待调整,港城关系有待进一步协调。

4.3 交通发展目标与核心问题

4.3.1 交通发展目标

1)区域融合与城市交通功能提升

全力发挥一体化区域港口、口岸、自贸、桥头等交通支点作用,整合大湾区内部城市交通基础设施资源,依托大交通格局,助力珠海打造成为大湾区西岸国际化交通枢纽城市。积极推动港珠澳大桥与珠中江交通路网的衔接,促进珠中江与港澳更紧密合作,助推珠澳一体化、珠中江经济圈一体化区域融合,全面提升一体化区域交通网络系统功能,提高城市、城际间的交通运转效率,提高一体化区域综合交通运输支撑体系和整体竞争力。

2)构建高品质、可持续的交通支撑系统

构建高可达、高品质、可持续、安全的现代化城市交通体系,提高一体化发展区域的交通基础设施承载力和现代化水平。加快推进以轨道交通、路网系统、枢纽交通为核心的基础设施互联互通;改善提升园区、港口及周边交通运行秩序,统筹城市客货运交通组织;落实公共交通优先理念,加强轨道交通、公共交通等设施建设及接驳体系建设;营造高品质交通环境,提升街道活力,实现交通可持续发展;实现主要站点、枢纽等交通设施与土地的一体化开发,引领高效、集约的城市建设。

3)协同其他规划同步编制,实现多规合一

基于珠海市"南进西拓"的城市发展新战略,结合一体化区域城市发展定位,深入思考一体化区域交通需求特性与土地利用的关系,统筹梳理各规划方案中交通共性与特性,探索制约交通发展的关键因素。协同城市总体规划、城市设计及产业规划团队,对项目编制阶段性成果进行相互协调、实时反馈和同步修正,并对规划编制项目中的关键交通问题进行专题论证,以避免规划过程中出现规划矛盾和冲突点,在编制成果上实现了高度的融合和统一。

4)全方位落实规划意图,指导具体工程项目设计和实施

落实交通引导城市发展、交通与土地一体化协调发展的战略目标,为项目的合理

性和必要性提供充分的研究依据,为工程项目的有效落地和充分利用提供可靠的论证,为具体工程项目规划、设计、实施、管理的全过程控制提供咨询服务和技术保障,指导一体化发展区域的交通基础设施规划建设工作。

4.3.2　交通核心问题识别

1)如何突破山水分割、地形蜂腰的空间制约

珠海市的山水地理特征显著,山和水既是珠海城市发展的自然本底和特色,也是其城市内外交通联系的主要制约和天然屏障。规划区一面依山、三面环水,同时向东与向北方又形成蜂腰地段。受山体水域、地形蜂腰分割影响,城市交通基础设施布局受到限制,与其他组团间的交通联系通道较少。交通在跨河桥梁、穿山隧道等处急速汇集,交通流量增长迅速,造成规划区与横琴新区、香洲区、拱北区、金山区等各组团之间联系通道趋于饱和,车行缓慢,交通运行压力大。如何突破城市蜂腰地形的空间限制,寻找新的对外疏解通道和挖掘既有通道的运输能力,是解决一体化区域对外交通的最直接有效的手段。

图 4.11　一体化区域地形蜂腰特征

图 4.12 城市空间发展方向示意

2）如何协调交通与土地利用一体化发展

一体化区域功能调整对珠海市的空间结构进行重塑,致使交通出行空间分布形态也需进行重新调整,城市居民出行方向、出行距离和出行强度也在逐渐变化。如何协调和建立支撑新型城市空间格局及产业格局的交通系统框架,是一体化区域融合和提升的关键。一体化区域包含洪湾港、保税区、自贸区、通关口岸、物流园区等多元化产业载体,兼具金融、商务等生产性服务业、休闲旅游业和物流业等功能,同时融合居住功能。城市路网需要与不同模式的用地进行匹配,需要构建不同模式的交通体系及不同层级的交通廊道,与城市功能组团进行有效衔接。受限于对外联系通道的有限性,各交通廊道势必会有交通功能的重叠。如何控制交通廊道与沿线土地开发的耦合关系,如何为土地开发利用和城市更新提供可靠的交通支撑系统,如何合理有序地组织过境交通、对外交通、客运交通、货运交通、通勤交通、旅游交通间多重关系,也是本研究需要解决的核心问题。

3）如何协调城市交通出行模式转变与城市更新的过渡

高铁、城际、城市轨道等交通方式融入城市交通系统后,交通出行结构及交通格局将进行重构,轨道交通将成为引导城市发展的核心,交通组织模式将由个人机动化组织模式向轨道枢纽组织模式转型。城市综合交通体系的协调、融合、可持续、一体化将是城市交通发展的主题,而以轨道站点为核心的交通与土地一体化开发将成为城市开发建设的主要模式。如何协调各交通方式间的一体化交通衔接,同步安排交通系统,构建与城市建设时序关系,实现交通引导城市发展与土地开发,是城市更新过程中交通与土地一体化发展过渡的核心问题。

4)如何协调城际交通与城市内部交通共生关系

城际铁路实现公交化运营并融入城市交通系统后,城市交通系统功能将得到增强。对标国内沪宁杭、京津、广深等区域城际交通,一体化区域的城际交通同样承担城市间及组团间的交通出行作用。伴随城际铁路的开通运营,一体化区域将进入枢纽交通组织时代。如何强化、协调城际交通与城市交通(尤其是公共交通)的衔接,发挥城际铁路枢纽节点功能,进行网络化、节点化的交通组织,是支撑和加强一体化区域对外交通联系的关键。

图 4.13　一体化区域城际/轨道交通及站点布局

5)如何设计及创新核心区路网交通组织模式

一体化区域在十字门北片区和核心区布置了小街区、密路网的交通网络模式,路网交通组织面临较大调整。小街区可以有效地提高道路网络密度,有利于提高道路系统的连通性、可达性和便捷性。但是由于街区尺度较小,路口间距小,传统的道路设计标准和交通组织模式需要进行适应性调整。要充分发挥均衡内部路网流量分布的功能,同时降低或避免其对干道交通的干扰,关键在于如何进行交通设计和交通组织引导。

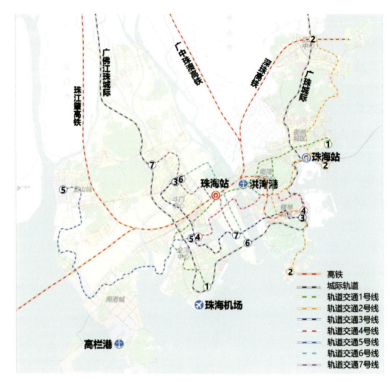

图 4.14　轨道交通廊道布局规划示意
（图片来源于《横琴、保税区、洪湾片区一体化发展区域规划方案》）

图 4.15　一体化区域密路网规划

4.4　交通提升与土地利用一体化解决方案

4.4.1　城市规划设计、产业策划、全过程交通咨询多专业互动整合

本项目规划编制正值城市更新的起步阶段,城市设计、产业规划等上位规划也在积极筹备当中,不同专业、不同类型的规划编制工作和建设项目同步开展和实施,城市空间结构、功能布局、交通体系面临重构。而交通规划在各类编制项目过程中起到串联、协调、配合和支撑作用,为交通体系规划构想提供了较大的发挥空间。一体化交通融合与提升研究需要协调城市设计与产业规划,故从交通需求特性与土地开发利用的关系、一体化发展交通融合与提升的角度提出城市发展建议,反馈城市设计及产业规划需要关注以及避免引发的城市交通问题。

图 4.16　一体化区域交通规划与其他规划的协同关系

1) 承接上位规划,协同其他规划同步编制,实现多规合一

项目跟踪对接《横琴新区与保税区、洪湾、湾仔区域一体化发展规划》,保证上位规划与本研究在目标、战略与实施内容的连贯和延续。同步协调产业规划、城市设计等多个相关规划,在用地布局、人口和岗位分布、产业布局、城市开发等方面提供可持续交通支撑系统。在同步编制的过程中,项目对各个规划项目编制阶段性成果进行相互协调、实时反馈和同步修正,并配合各个规划项目对关键问题进行交通专题论证,使编制成果具有高度融合性和统一性。

2) 启发后续规划重难点识别,提供专项规划关键技术支撑

相较于交通专项详细规划和交通专项研究的编制顺序而言,本项目具有较为明显

的规划前期研究特点,在交通发展理念、交通组织模式、未来发展方向等方面均给予了一定程度的判断和引导。项目深度挖掘现状及规划中的重点城市交通问题,探索制约交通发展的关键因素,预先找到克服和控制难点的有效方法。同时,研究所采用的关键技术手段和规划方法,可以作为一体化区域基础数据储备和管理平台的资源接口,为专项规划提供数据支撑,为运营管理提供技术支持。

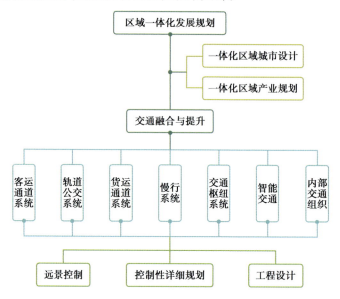

图 4.17　一体化区域交通规划关键因素与其他规划的承接关系

3)全方位落实规划意图,实现交通与土地一体化发展目标

项目在详细交通规划和具体项目实施过程中,秉承自身和上位规划交通发展理念,执行规划目标与意图。在研究过程中,始终倡导以枢纽、轨道、公交为引领,主张以公共交通为主导,贯彻以枢纽交通和轨道交通为核心的发展理念。在工程方案前期和设计阶段,将发展理念与工程方案相融合,并进行适当调整、优化和细化,将规划理念延续和延伸于项目实施之中。例如,一体化区域东西廊道——南湾大道的交通规划设计与沿线土地利用一体化,如图 4.18—图 4.21 所示。

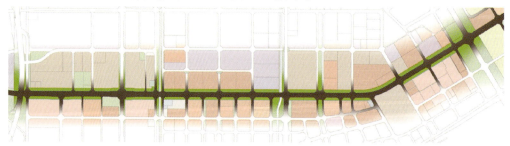

图 4.18　一体化区域东西廊道——南湾大道沿线土地利用规划

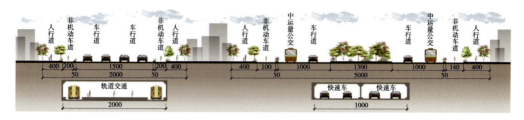

图 4.19　一体化区域东西廊道——南湾大道道路断面功能公共化调整

图 4.20　一体化区域东西廊道——南湾大道与沿线土地一体化交通组织方案

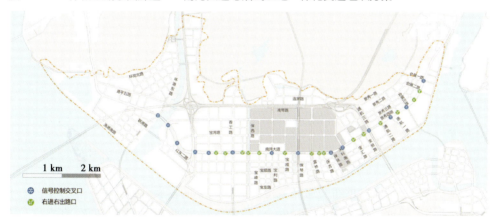

图 4.21　一体化区域东西廊道——南湾大道与沿线土地一体化交通组织方案

4）指导具体工程项目设计，提供可靠的设计分析依据

项目对复合型交通廊道、关键对外通道、关键节点等重要交通基础设施的规划、设计、施工的全过程进行了分析研究和跟踪讨论，与各层级部门进行了多阶段、全过程的对接和协调，起到了"承上启下"的衔接和传递作用；为项目管理者提供了从项目规划、设计到实施的全过程管控咨询服务和技术保障，为项目的合理性和必要性提供了充分的研究依据，为工程项目的有效落地和充分利用提供了可靠的论证。

如表 4.1、图 4.22 和图 4.23 所示，针对跨马溜洲水道通道的建设必要性，预设不同建设情境，通过交通预测模型测试相应状态下城市交通、跨江通道的交通分布及运行状态，得到的分析结果可为项目建设提供精准的量化支撑服务。

跨马骝洲水道多情境模式条件下的规划通道建设情形,见表4.1。

表4.1 跨马骝洲水道多情境模式条件下规划通道建设情形

通道名称	茫洲隧道	洪湾通道	保税区通道	十字门隧道
情境一	√	×	×	√
情境二	√	×	√	√
情境三	√	√	×	√
情境四	√	√	√	√

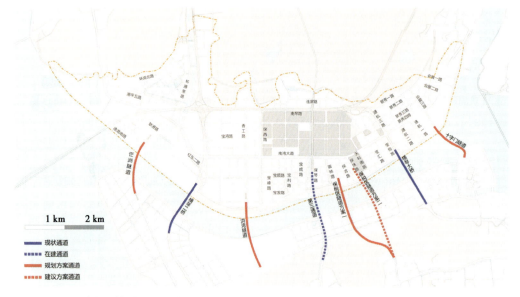

图4.22 一体化区域跨马骝洲水道通道(桥/隧)建设必要性及建设时序对比分析

4.4.2 不同城市开发建设规模情景下交通支撑系统的构建

采用"情境设计"规划方法,预测了各种发展趋势和政策环境对规划的影响,以便采取相应的应对策略来增强规划方案在不同城市发展前景和阶段下的适用性。情境测试之前,对城市交通规划基本情况进行测试分析,以标定交通模型相关参数和重要指标。

1)城市开发建设交通本底分析

(1)居住人口分析

根据总体规划,规划期居住人口为35万~38万人,从人口分布情况来看,主要聚集在十字门北区、洪湾居住区和核心区(图4.24)。

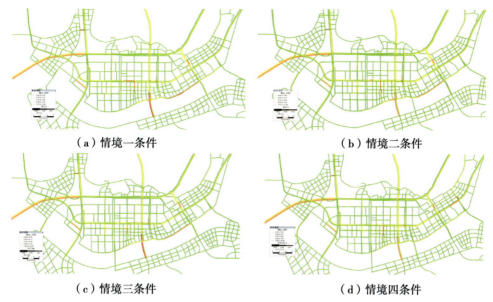

（a）情境一条件　　　　　　　　　　　　（b）情境二条件

（c）情境三条件　　　　　　　　　　　　（d）情境四条件

图 4.23　不同情境条件下跨海通道及路网流量分配

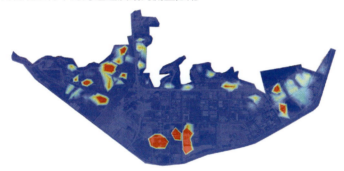

图 4.24　居住人口热力分布图

（2）就业岗位分析

根据总体规划,规划期就业人口为 29 万~33 万人,项目区域内工作岗位较为集中,其中保税区、中心区、洪湾物流园占据 70% 的就业岗位(图 4.25)。

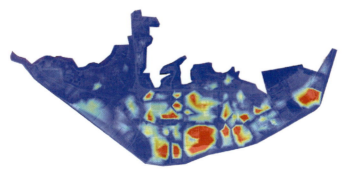

图 4.25　就业岗位热力分布图

（3）机动车交通可达性分析

基于人口和就业岗位的热点分布,对十字门商务区北区、保税区、新中心核心区、洪湾居住区的机动化交通时空圈可达性进行了初步分析。不同区域机动车可达性分析图如图4.26所示。

（a）十字门商务区机动车可达性

（b）保税区机动车可达性

（c）新中心核心区机动车可达性

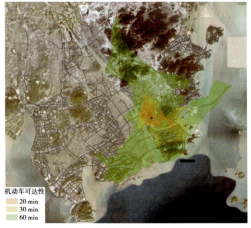
（d）洪湾居住区机动车可达性

图4.26　不同区域机动车可达性分析图

分析结果表明,各主要片区的15 min机动化出行圈层基本可实现规划区域内全部通达,半小时出行圈可实现一体化区域全通达,1 h覆盖香洲老城、横琴本岛、金湾片区、机场。

（4）公共交通服务能力分析

轨道站点1 000 m的步行范围内,覆盖居住人口23.1万人,占规划人口的63%,覆盖就业人口16.1万人,占规划就业人口的49%。中运量公交站点1 000 m步行范围内,覆盖居住人口25.2万人,占规划人口的69%,覆盖就业人口21.6万人,占规划就业人口的 66%。轨道公交站点覆盖人口与岗位图如图 4.27 所示，轨道及公交站 600~1 000 m 覆盖率如表 4.2 所示。

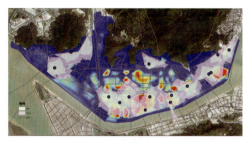
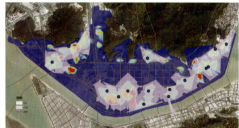

（a）轨道站点600 m/1 000 m覆盖岗位数　　　　（b）轨道站点600 m/1 000 m覆盖居住人口

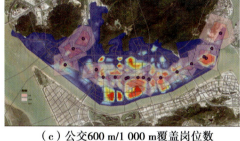

（c）公交600 m/1 000 m覆盖岗位数　　　　（d）公交600 m/1 000 m覆盖居住人口数

图 4.27　轨道公交站点覆盖人口与岗位图

表 4.2　轨道及公交站 600~1 000 m 覆盖率

设施	类别	600 m	1 000 m
轨道站	居住人口	10.3 万人（28%）	23.1 万人（63%）
	就业人口	8.0 万人（24%）	16.1 万人（49%）
中运量公交	居住人口	16.0 万人（44%）	25.2 万人（69%）
	就业人口	15.5 万人（47%）	21.6 万人（66%）

（5）绿地及水系系统可达性

研究范围内绿地、水系资源丰富，1 000 m 步行范围内基本能够实现对居住和就业人口的全覆盖，绿地及水系 600 m/1 000 m 覆盖图如图 4.28 所示。

（a）覆盖岗位数　　　　（b）覆盖居住人口

图 4.28　绿地及水系 600 m/1 000 m 覆盖图

2）不同城市开发建设规模下的多情境交通测试

根据规划区不同时期预估的城市建设和交通建设运营情况，进行多情境模式条件下的交通模型测试，以检验城市交通基础设施对城市规划发展阶段的承载能力，以及不同情境模式下城市交通整体及设施、路段、节点等细部交通运行情况。测试可用于诊断城市交通运行、交通管理等基本特征，制订相应的交通策略及改善措施，保障城市交通基础设施建设时序与城市发展阶段相匹配。同时，对于规划区未来城市发展不确定性因素，也可以纳入情境设计考量的规划条件之中，在把握主体发展方向的基础上，对城市可能出现的发展前景和开发模式作出最理想、最可能、最不利等不同情境下的假设判断。

项目根据实际编制需求，结合城市开发建设公司的全局发展战略布局，考虑城市重大基础设施建设时序、城市交通供给模式转变等，对不同发展阶段的城市交通运行情况进行了预测。以最不利情况进行城市交通情境测试，即晚高峰交通、过境交通、货运交通、旅游交通、特殊交通等进行多重叠加，并对工作日早、晚高峰和节假日交通系统分别进行评估，如图4.29和表4.3所示。

图4.29 4种不同情景下的路网交通承载力

表 4.3　多情境模式下的模型测试限制因素

情境模式	年份	建设用地		重大交通基础设施建设时序									轨道交通线网						交通出行模式				
		开发程度(%)	开发体量(万m²)	第三通道	深中通道	洪鹤大桥	城际铁路	十字门隧道	保税区隧道	洪鹤隧道	金海大桥	情侣大桥	1号线	1号支线	2号线	2号支线	3号线	4号线	小汽车(%)	公交(%)	轨道(%)	自行车(%)	步行(%)
情境一(近期)	2018			√	—	—	—	—	—	—	—	—	—	—	—	—	—	—					
	2019	25	500	—	—	—	√	—	—	—	—	—	—	—	—	—	—	—	35%	20%	0%	5%	40%
	2020			—	—	√	—	—	—	—	—	—	—	—	—	—	—	—					
情境二(中期)	2021			—	—	—	—	√	—	—	√	—	—	—	—	—	—	—					
	2022			—	—	—	—	—	—	—	—	—	—	—	—	—	—	—					
	2023	50	1 000	—	—	—	—	—	—	√	—	—	—	—	√	—	—	—	30%	18%	7%	5%	40%
	2024			—	—	—	—	—	√	—	—	—	—	√	—	—	—	—					
	2025			—	—	—	—	—	—	—	—	√	√	—	—	—	—	—					
情境三(远期)	2026			—	—	—	—	—	—	—	—	—	—	—	—	—	—	—					
	2027			—	—	—	—	—	—	—	—	—	—	—	—	√	—	—					
	2028	75	1 500	—	—	—	—	—	—	—	—	—	—	—	—	—	—	—	25%	16%	19%	5%	35%
	2029			—	—	—	—	—	—	—	—	—	—	—	—	—	—	—					
	2030			—	—	—	—	—	—	—	—	—	—	—	—	—	—	√					

续表

情境模式	年份	建设用地 开发程度(%)	建设用地 开发体量(万m²)	第三通道	深中通道	洪鹤大桥	城际铁路	十字门隧道	保税区隧道	洪鹤隧道	金海大桥	情侣大桥	1号线支线	1号支线	2号线	2号支线	3号线	4号线	小汽车(%)	公交(%)	轨道(%)	自行车(%)	步行(%)
情境四(远景)	2035	90		—	—	—	—	—	—	—	—	—	—	—	—	—	—	—					
	2050		1800	—	—	—	—	√	√	√	√	—	—	√	√	—	—	√	20%	20%	25%	5%	30%
终极	—	100%	2000	√	√	√	√	√	√	√	√	√	√	√	√	√	√	√	20%	20%	25%	5%	30%

注：①建设用地开发程度指总用地面积的建设比例，开发体量指开发的建筑面积；

②重大交通基础设施建设时序对应的年限方格内打"√"，表示该基础设施建设完成投入使用；

③交通出行模式根据不同年限城市社会经济发展、城市基础设施建设等因素综合预测进行标定。

4 种不同发展阶段情境模式下,基于岗位和居住人口的交通产生量与生成量如图 4.30 所示(以晚高峰最大流量为例)。

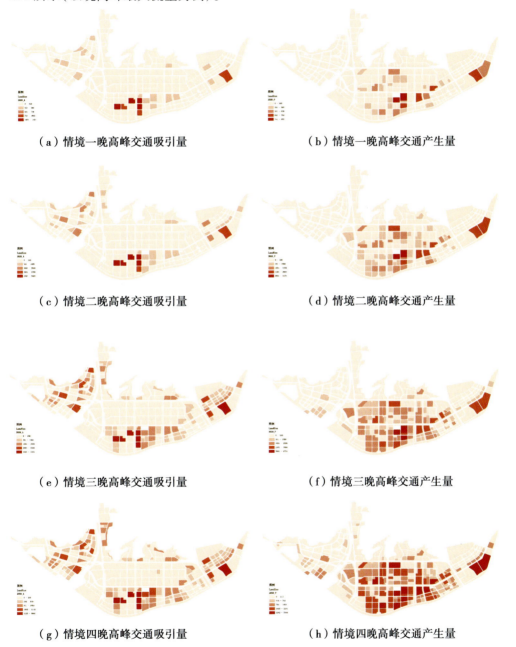

（a）情境一晚高峰交通吸引量　　　　　（b）情境一晚高峰交通产生量

（c）情境二晚高峰交通吸引量　　　　　（d）情境二晚高峰交通产生量

（e）情境三晚高峰交通吸引量　　　　　（f）情境三晚高峰交通产生量

（g）情境四晚高峰交通吸引量　　　　　（h）情境四晚高峰交通产生量

图 4.30　不同情境下晚高峰交通吸引量与产生量

4 种情境模式下的晚高峰交通吸引量和交通产生量随着城市开发规模的增大而逐渐增加,职住关系处于动态调整之中。职住平衡指数区间存在较大变数,将导致各情境下城市的交通出行特征存在较大差异。

　　基于对 4 种情境测试结果对比分析,本文此处展示具有代表性的情境四的 5 种情境,其交通空间分布如图 4.31 所示。

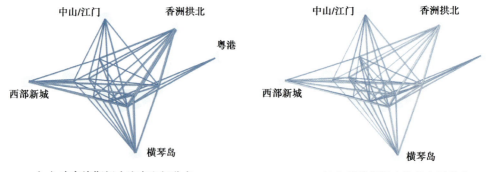

（a）晚高峰期间小汽车空间分布　　　　　　（b）平峰期间小汽车空间分布

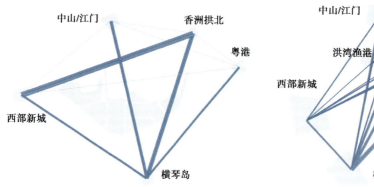

（c）过境小汽车空间分布　　　　　　（d）货运交通空间分布

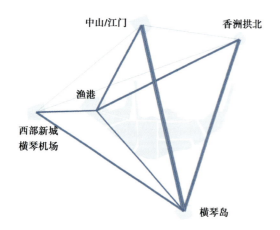

（e）情境四旅游交通分布

图 4.31　情境四各类型交通分布图

4 种情境下的测试路网承载力分布情况,反映了交通设施供给与城市空间格局、土地开发时序的耦合关系。新增对外交通设施是提高城市对外交通联系能力的最直接的手段,而轨道、中运量公交是提升内外交通服务水平的有效途径,如图 4.32 所示。

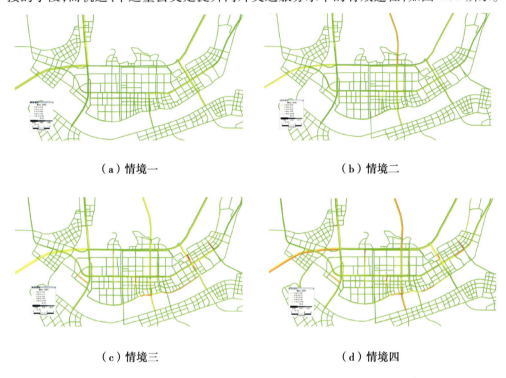

（a）情境一　　　　　　　　　　　　　（b）情境二

（c）情境三　　　　　　　　　　　　　（d）情境四

图 4.32　晚高峰城市道路系统运行图

4.4.3　多层级公共交通系统与土地利用一体化规划

在空间资源受限的条件下进行城市高体量开发,是一体化区域面临的核心问题。对澳口岸的布局、保税区围网的影响、洪湾港的物流交通和马骝洲水道的分割,更是加大了区域交通融合提升的难度。而大中运量公共交通系统供给、枢纽场站一体化综合立体开发、多模式水陆交通衔接转换、多样化慢行交通接驳等方案,可提供多层次、立体化的综合公共交通网络体系,成为应对交通需求的必然手段。

1）大运量公共交通系统规划

轨道交通规划的工作重点是综合考量既有轨道线网规划,结合轨道交通服务指标,对轨道具体线路及站点布局做进一步深化落实。轨道交通网络布局应与土地利用规划、客运交通走廊、区域城际轨道交通网络相协调,与其他交通方式紧密衔接,支撑以轨道交通为主体的客运交通体系的发展。

结合一体化区域的城市发展重点及客流分布方向,增加一体化区域的轨道线网密度和南北向轨道交通联系强度;局部适当调整轨道线网走向与交通空间的层叠关系,提高轨道线网与土地开发利用的适应性,提高与路网系统和交通设施的耦合度,提高轨道交通工程建设实施落地的可行性,如图 4.33、图 4.34 所示。

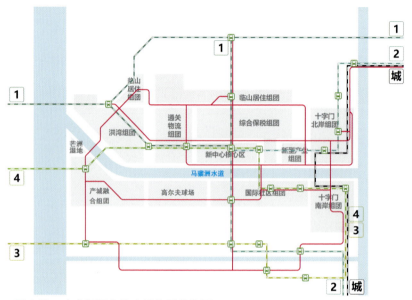

图 4.33　大中运量公共交通体系结构图

图 4.34　轨道交通系统线网调整建议方案图

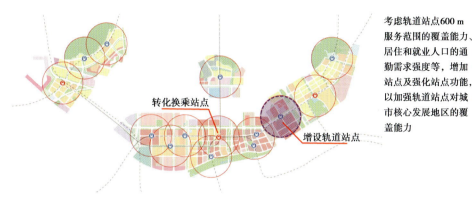

考虑轨道站点600 m服务范围的覆盖能力、居住和就业人口的通勤需求强度等，增加站点及强化站点功能，以加强轨道站点对城市核心发展地区的覆盖能力

图 4.35　一体化区域轨道站点优化调整建议方案图

结合城际站、轨道站点等枢纽场站布局，考虑不同枢纽服务客流强度，进行功能定位差异化规划。城际站和轨道站点汇集的枢纽，与站点周边规划用地性质和开发强度进行适应性匹配，一般建议规划为枢纽站；核心区内部中运量公交系统沿线站点，定位为换乘站。如图 4.36 所示，以枢纽服务半径距离 600 m、1 000 m、1 500 m 为界，进行一体化接驳设施服务规模测算。

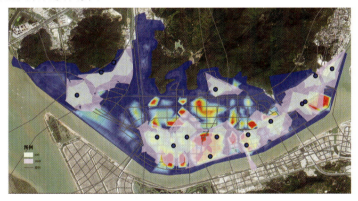

（a）覆盖就业岗位

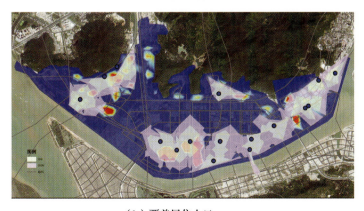

（b）覆盖居住人口

图 4.36　优化后轨道站点(600 m+1 000 m)步行可达性

轨道站点服务人口岗位分布,见表4.4。

表4.4　轨道站点服务人口岗位分布

轨道站	600 m 范围		1 000 m 范围		1 500 m 范围	
	居住人口（人）	就业人口（人）	居住人口（人）	就业人口（人）	居住人口（人）	就业人口（人）
1 号轨道站	28 236	1 032	28 236	1 176	39 383	1 299
2 号轨道站	4 266	474	8 625	2 574	16 582	2 595
3 号轨道站	31 753	2 356	39 114	5 230	47 753	10 442
4 号轨道站	—	6 843	—	6 843	—	17 565
5 号轨道站	40 345	7 179	40 345	20 750	40 345	29 845
6 号轨道站	21 655	7 263	68 411	39 171	68 411	61 455
7 号轨道站	16 244	10 077	16 244	23 801	16 244	25 272
8 号轨道站	—	20 635	0	27 140	—	33 074
9 号轨道站	—	3 283	9 253	3 348	14 033	6 432
10 号轨道站	—	12 964	—	12 964	—	12 964
11 号轨道站	—	7 400	—	12 412	—	12 412
12 号轨道站	—	10 286	—	23 412	21 762	48 569
13 号轨道站	11 020	951	32 324	1 835	32 324	4 741
14 号轨道站	14 494	89	18 846	997	19 175	997
合计	168 013	90 832	261 398	181 653	316 012	267 662

根据划定的站点影响区域,确定交通接驳方式,得到各种方式的出行需求人次,综合考虑不同交通设施的折算因子,计算得到各类设施的需求量,见表4.5。

表4.5　轨道站点接驳设施规模测算

轨道站	自行车（辆）	自行车停车面积(m²)	小汽车（辆）	小汽车停车面积(m²)	建设形式
1 号轨道站	206	309	99	2 475	P+R;结合站点周边绿地立体设置
2 号轨道站	182	273	7	175	共享周边建筑设施配套停车位

轨道站	自行车（辆）	自行车停车面积（m²）	小汽车（辆）	小汽车停车面积（m²）	建设形式
3 号轨道站	437	655	64	1 600	P+R；结合规划公交首末站设置停车场，立体设置
4 号轨道站	127	191	5	134	结合用地规划即停即走停车位，形成微枢纽
5 号轨道站	590	885	11	284	结合道路两侧绿地规划停车位
6 号轨道站	883	1 325	33	836	结合道路两侧绿地规划停车位
7 号轨道站	637	956	4	92	结合用地规划"即停即走"停车位，形成微枢纽
8 号轨道站	282	423	6	148	结合用地规划"即停即走"停车位，形成微枢纽
9 号轨道站	237	355	9	225	与规划公交首末站共享配套停车位
10 号轨道站	76	114	—	—	结合周边绿地规划停车位，形成微枢纽
11 号轨道站	73	109	—	—	结合周边绿地规划停车位，形成微枢纽
12 号轨道站	235	353	10	250	利用道路两侧绿地规划停车位
13 号轨道站	481	721	58	1 450	P+R；利用绿地设置停车场，建议远期预留枢纽场站用地
14 号轨道站	176	263	3	75	结合道路两侧绿地规划停车位
合计	5 503	8 255	309	7 744	—

局部区域就业岗位难以覆盖，需重点考虑步行与非机动车系统接驳公交站点。位于城市核心地区的轨道站点，应考虑优先发展公共交通接驳。不建议布置专用的 P+R 停车位，需要换乘的客流可以利用周边公共建筑提供的公共停车位满足停车需求。

2）中低运量公共交通系统规划

中低运量公共交通作为轨道交通的补充，应结合客流需求分布，在轨道覆盖不足地区布设，以满足一体化区域内外客运需求。中低运量公共交通制式根据城市发展特征、建设条件、环境景观、经济水平等因素综合考虑进行选择。

中低运量公交线网规划建议:一是构建南北走向及东向公交廊道,解决一体化区域与香洲、拱北老城区与横琴新区等对外联系的需求;二是打造匹配城市主要客流走廊、打通跨江通道约束的公交廊道,增强一体化区域内部十字门商务区、保税区、洪湾物流园区、渔港片区间出行的紧密联系,如图4.37所示。

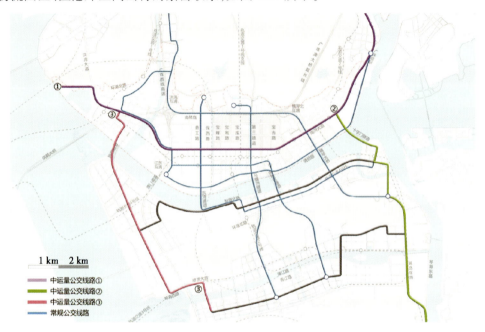

图4.37　一体化区域中运量及常规公共交通线网规划建议图

公交站点布置及形式建议:站点宜布置在人口集中、客流量较大的路段,路段上公交停靠站间距应为500~800 m,具体间距大小根据建设强度、客流量等实际情况确定。在商业中心区应增设辅站,如图4.38所示。公共交通站点形式根据制式进行确定,可选择路中式或路侧式布置。平面交叉口处的公交停靠站应设置在交叉口出口道;出口道设置有困难时,可将停靠右转公交线路的停靠站设在进口道。

图4.38　一体化区域内部中低运量公交站点布局规划建议图

3）水上公共交通系统

一体化区域水运资源良好,水陆公交协同布设将有利于居民出行,有利于缓解跨水域交通运行压力,也有利于丰富城市岸线地区活力进而带动旅游产业的发展。因此,整合情侣路风情带与花海长廊旅游资源,充分利用水上公交资源优势,打造水上旅游休闲走廊,实现了跨马骝洲水道便捷的交通联系,优化了区域交通出行结构,提升了交通供给水平,如图 4.39 所示。水上公交发展功能趋向复合化,交通及旅游功能协同式发展,可实现高峰、平峰间客流、船力供给间的调剂。

图 4.39　一体化区域水上公交线路与站点布局图

水上公共交通线路是依赖于城市水系而布设的,必须与其他交通方式实现便捷换乘,才能减弱其受水域限制的弱点、扩展其服务范围。根据一体化区域交通模型预测及产业规划预估,跨马骝洲水道日常通勤的公共交通出行人流量、马骝洲水道以北片区滨水岸线文旅项目及渔港休闲旅游跨水道客流量见表 4.6,水上公交与陆路公交接驳关系如图 4.40 所示。

表 4.6　跨马骝洲水道全天水上公交乘客量

客运码头站点编号	1	2	3	4	5	6	7
停靠点游客人流量(人)	2 000	1 500	1 500	1 500	2 000	1 500	1 000
日常通勤人流量(人)	567	1 133	377	567	567	567	377
合计	2 567	2 633	1 877	2 067	2 567	2 067	1 377

4）枢纽站点交通与土地利用一体化

未来一体化区域将规划布局新中心高铁枢纽站,高铁枢纽站将成为区域性的重要交通枢纽。考虑一体化核心区域土地布局及高强度开发条件,建议高铁站综合交通枢

图 4.40　一体化区域水上公交与陆路公共交通接驳关系图

纽采用地下立体分层式布局,如图 4.41 所示。综合交通枢纽区域可实现交通空间的有效连接,预留城市轨道、公交首末站、出租车、机动车停车场与自行车停车场,方便各种交通体系间的便捷换乘。预留枢纽主要出入口空间,便于人流的快速集散,同时可以营造良好的公共空间和增加区域活力。

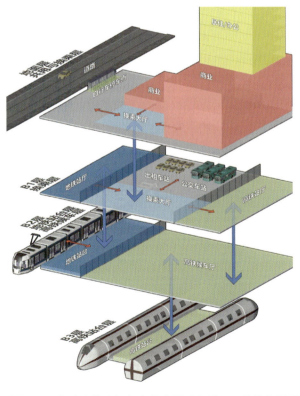

构筑交通土地一体化连接平台:打造以枢纽为核心,以地铁换乘点为节点,以站点间主要联系通道及中心区南北轴线为骨架、次要通道为补充的地下交通空间结构,与办公、商业、居住等用地实现交通连接

图 4.41　新中心综合枢纽立体分层式布局及一体化换乘示意图

　　地下交通枢纽与地上、地下的其他城市空间相结合,可发挥交通枢纽带来的人流集聚效应;与商业办公、居住等功能共同开发,可实现经济利益与社会效益的最大化。在保证客流集散便捷的前提下,可对枢纽周边地下空间综合开发,实现枢纽与周边建筑地下空间无缝衔接。

　　考虑一体化区域的用地布局和交通需求特征,结合地块建筑布局,对可利用的地下空间开发资源提出规划控制建议,如图 4.42 所示。

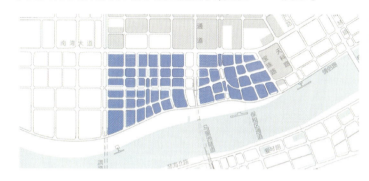

地下空间的核心设计理念为一体化开发。一体化开发具有环境负荷低、经济独立性高、活力高的特点,多发生于多条轨道交通交叉的城市核心地段,与城市公共空间紧密联系,融为一体

图 4.42　一体化区域地下道路与土地利用一体化立体空间开发区

　　各开发地块地下一层、二层结合地铁站点合理布置商业设施,地下三层及以下主要布置停车设施,结合地块综合开发,适度考虑人行通道系统布设,如图 4.43 所示。地下停车库建议整体统筹设计,推动共建、共享的公共停车模式。

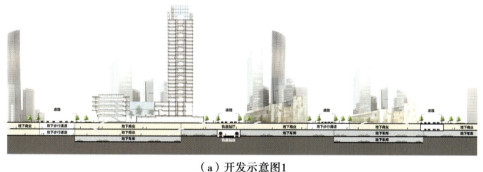

（a）开发示意图1

（b）开发示意图2

图 4.43　一体化区域地下交通空间与土地利用开发示意图

以轨道交通为核心构建的 TOD 开发模式是实现交通效率和土地效益最大化的最佳途径。应对轨道站点的功能进行整体研究,进一步明确轨道沿线覆盖区域的城市性质、空间发展重点、职能分工及集聚程度;通过构建层次不同、功能各异的 TOD 区域模式,满足周边用地对交通服务设施的需求,提升沿线城市功能的整体吸引力。

项目根据 TOD 区域划分标准,结合轨道沿线及站点周边土地利用混合程度,划分 3 个适宜进行 TOD 模式发展的区域,并对每个 TOD 发展片区服务覆盖能力进行测算,以支撑其用地开发和配套交通设施建设,如图 4.44 所示。

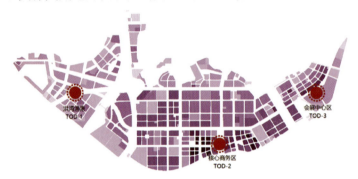

TOD 是以公共交通为导向的发展模式。它以公共交通作为城市发展的支撑,引导城市结构优化和密度重构,强调和注重以人为本的开发尺度,提倡采用高密度、高混合度的城市土地利用模式

图 4.44　一体化区域地下交通空间与土地利用开发示意图

以核心商务区 TOD 发展为例,其特点是土地用途混合和高密度开发。作为区域就业中心,共有 3 条轨道线路交汇,布设有 3 个轨道站点。轨道站点 600 m 服务范围内,服务的居住人口统计数为 38 164 人,覆盖岗位统计人数为 54 484 人,居住人口和就业人口密度在区域内远超于一般区域的密度值。

表 4.7　TOD-2:轨道站点 600 m 覆盖区域统计表

主要内容	用地面积(万 m²)	覆盖人口(人)	覆盖岗位(个)
5 号站点	147.98	30 192	13 788
7 号站点	115.15	4 525	12 335
8 号站点	118.33	3 447	28 361
叠加统计	381.46	38 164	54 484
实际统计	191.18	18 692	23 085
叠合强度	2.00	2.04	2.36

4.4.4　城市滨海道路交通空间营造及与城市慢行交通系统链接

情侣西路是珠海市的城市十大名片之一,以观光休闲功能为主,兼具交通通勤功能,如图 4.45 所示。在总体规划和城市设计中,提出对现状情侣西路进行提升改造,打造新中心核心节点,形成城市中心活动区。

图 4.45　情侣西路空间布局图

1)滨海道路交通空间设计意向

整体而言,需要由交通空间向公共交流空间转型,实现快慢分离,将车行内移,为慢行腾空间。以"公共空间"理念打造"城市客厅",将优质景观资源优先提供给行人使用。新规划情侣路西段与老城区情侣路依然保持整体的连续性,延续和升华情侣路景观功能及特色。

总体思路是结合建筑后退道路红线空间打造慢行交通体系,在滨水区域绿化带窄段可考虑广场与建筑合并设计。沿海港绿地布局独立双向步行与自行车道,打造多样休憩形式,保障适当的自行车道宽度,绿化较窄地段可沿街道两侧布置。典型地段根据城市特征与景观效果打造具有别样风情的慢行道。

A 型断面优化方案(图 4.46):整体空间分配由"商业+情侣路+窄绿化带+海港",调整为"商业+散步区+非机动车区+公交与机动车区+非机动车区+景观区+散步区+观海区"。

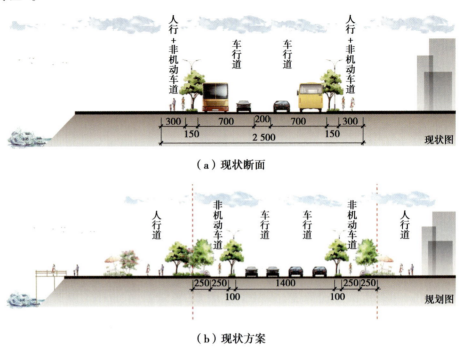

（a）现状断面

（b）现状方案

图 4.46　情侣路 A 型断面优化方案

B 型断面优化方案(图 4.47):整体空间分配由"商业+情侣路+展览+宽绿化带+海港"调整为"商业+散步区+非机动车区+公交与机动车区+景观区+散步区+展览+散步区+景观区+自行车区+亲海区"。

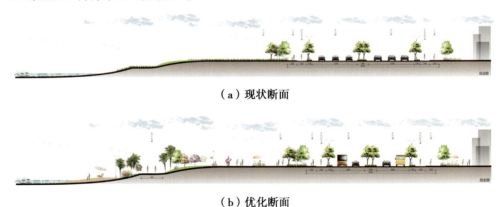

（a）现状断面

（b）优化断面

图 4.47　情侣路 B 型断面优化方案

为保证情侣西路景观与交通功能总体协调、互不干扰,以及运行环境与其定位相符合,对情侣路沿线开口进行设计,梳理道路交通组织,通过路口交通组织、信号控制、交通共享等交通管理手段保障人行交通的连续性,减少穿越性车行交通对人行干扰和景观环境的破坏,同时保证中心核心区交通的可达性和顺畅性,如图4.48所示。

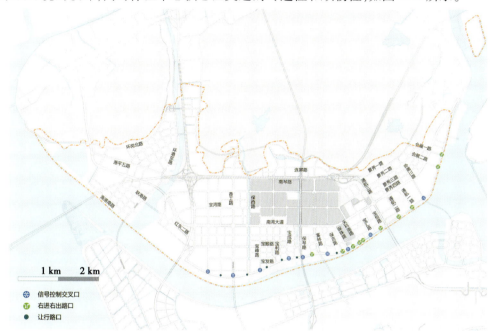

图 4.48　景观与交通功能交通组织协调关系

2)海滨公共活力空间构建

将公共活力空间区域划分为公交与机动车区域、散步与慢跑区域、自行车区域,在适当的距离和空间处设置集散广场、乘凉遮阳亭、休憩小品等公共活力空间节点,结合节点空间布置公共交通设施,结合道路沿线两侧用地业态设置平面广场过街、平面景观过街和普通过街设施等,如图4.49所示。

3)"山-城-港"滨海道路慢行系统空间链接

结合山水、绿带景观,依托情侣路滨海空间与洪湾涌滨水绿道,结合3条绿带轴线,向城市核心功能区放射,打造慢行优先、直达海港的路径,如图4.50所示。

充分利用规划区的山水自然景观与人文景观优势,挖掘自然景观与人文景观兴趣点,激活和释放城市慢行交通系统的潜力。结合山水格局与城市空间结构,以兴趣点为触角,逐层向城市内部插入、渗透,如图4.51所示。

图 4.49　情侣西路活力空间组合示意

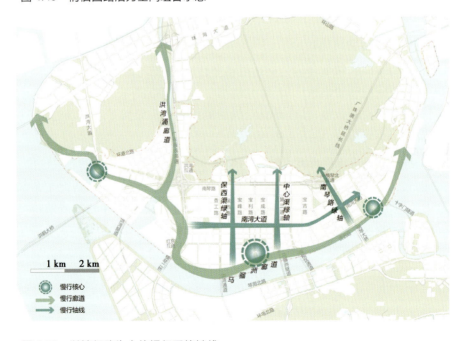

图 4.50　以情侣路为主的慢行系统轴线

图 4.51　慢行轴线与兴趣点的搭接

4.5　项目总结

在项目开展的同时,总体规划研究、产业规划、城市设计也在同步进行,不同专业领域间的协作沟通为项目的成功创造了良好的开端,土地利用、产业导入、交通支撑形成了"三位一体"的良好互动,大通道、大走廊、大枢纽等重大交通基础设施布局意图,以及先进的交通规划理念,得以在规划阶段落实、控制和保障。

项目所采取的情景分析手段、宏观-中观-微观多层级交通预测与仿真模拟、数据化分析手法、重大交通基础设施的多方案比选论证等,得到业主方、协同方的关注与认可。项目为新中心快速建设提供了专业化、精细化、精准化的交通咨询服务,为城市规划建设的顺利推进奠定了坚实的基础。

第 5 章　重庆空港商圈一体化规划设计

商圈的扩容改造,需要综合考虑优势产业导入、功能布局优化、综合交通支撑,本身已是多专业协同一体化项目,更面临着诸如地形制约、老旧片区迁拆、工程可行性等实际问题。重庆空港商圈,邻近机场,机场提升改造为空港商圈发展提供了新一轮契机。如何统筹发展、一体化发展、赋能发展,是项目关注的核心问题。

5.1　项目概述

空港商圈位于重庆市渝北区两路片区,东临重庆江北国际机场,二者直线距离不足400 m,其提质扩容改造已经不再是两路城区自身发展的诉求,更是代表了渝北区城市转型发展、港城一体发展的关键问题。

项目于2014年启动编制,这一年,重庆江北国际机场完成年旅客吞吐量2 926.4万人次,货邮吞吐量30.2万t,在全国机场中排名第八,旅客吞吐量增速位居全国十大机场第一。根据江北机场总体规划,到2040年,江北机场将实现年旅客吞吐量7 000万人次、货邮吞吐量300万t的目标,跻身"世界一流、亚洲领先"的大型国际商业门户枢纽机场,建成发达的立体化综合交通枢纽、西南地区最大的物流园区和美轮美奂的航空城。这意味着今后重庆将成为内陆复合型航空枢纽,给紧邻江北机场的空港商圈带来了新的发展机遇,但同时也对商圈的产业、交通、城市风貌系统提出了更高的要求。

借鉴国际航空大都市的发展经验,结合重庆空港区域发展趋势和空港商圈定位,本项目提出空港商圈产业升级、土地利用调整、交通一体化发展策略,力图打造多产业多功能复合、可开放可生长的临空新区。

5.2　商圈扩容发展挑战

相比于国内外主要的航空都市,重庆机场及周边区域还没有发展到相对成熟的阶段。但重庆江北机场距离城市非常近(距离主城核心区 21 km),机场周边已是城市建成区,客观上形成了机场与城市之间的紧密联系。在这种联系之下,机场周边已经出现了带有一定航空指向性的商务金融、制造业等产业。得益于重庆国家中心城市的定位,机场周边已经有了保税港区的发展平台,物流产业正在蓬勃发展中。因此,机场已经成为城市不可或缺的功能区之一,这是重庆临空都市区的基本定位,即依托于城市紧密发展的临空都市区,而不是独立于城市之外的、完全新建的临空都市区,发展重点则是在现有基础上的整合、优化、调整。

1)地形高差挑战

如图 5.1 和图 5.2 所示,空港商圈核心区占地面积约 0.7 km^2,场地东西向长约 1 100 m,南北向长约 1 050 m,基地内部存在明显的地形高差。

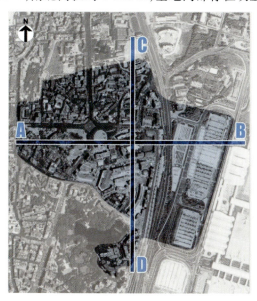

空港商圈周边地形复杂,东西方向呈现西高东低,最高点地面高程为444.5 m,高差最大达到28 m,靠近江北机场一侧处于地势较低的位置;南北方向呈现中部高、南北低的特点,高差达到20 m

图 5.1　商圈坡面示意图

2)土地扩容挑战

商圈现状土地利用的突出问题集中体现在:

①现状各地块建筑体的建筑密度很大,住宅小区排布十分密集,且大部分建筑年

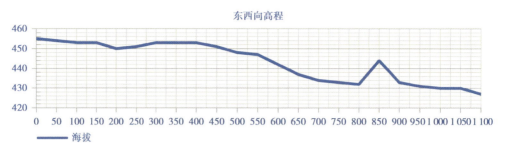

（a）东西向高程变化

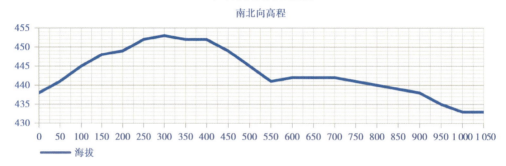

（b）南北向海拔变化

图 5.2　商圈坡面高程图（单位：m）

代久远，形态破旧、形象差。

　　②违法乱建导致停车场等生活配套设施缺乏，乱停乱放现象十分严重，占道停车问题突出，经常引起道路拥堵。

　　商圈的扩容发展，势必需要对现状老旧片区进行改造，面临非常高的拆迁改造成本，如图 5.3 所示。同时，建筑高度受到机场航线净空的限制，制约了地上扩容开发体量。根据片区控制性详细规划要求，初步测算商圈扩容拆迁量约为 65 万 m^2，而新开发体量仅为 110 万 m^2，成本难以平衡。

　　当商圈扩容遇到高昂的拆迁成本，并且无法通过提高建筑密度、建筑高度等措施增加开发体量时，土地的复合化、立体化开发利用，对商圈而言就显得尤为重要。

　　3）交通支撑挑战

　　现状道路干道系统包括机场路、双龙大道、汉渝路。轨道 3 号线在空港商圈设有碧津站和江北机场站（T2 航站楼），轨道 3 号线延伸段、10 号线仍处于在建阶段。在建轨道交通站点共 4 个：3 号线双凤桥站，10 号线渝北广场站、T2 航站楼站、T3 航站楼站。

　　如图 5.4 和图 5.5 所示，商圈及周边现状道路交通、轨道交通系统呈现出以下特征：

　　①蜂腰制约：空港商圈片区受到地形条件制约，呈现出"两头大、中间小"的路网形态，蜂腰特征明显。

图 5.3　商圈区域现状建设情况

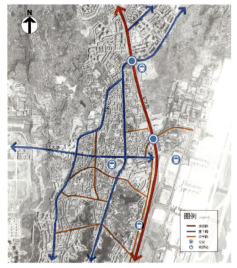

图 5.4　商圈现状建成情况

图 5.5　商圈与机场空间关系

②空间切割：与机场之间的联系被机场高速（双向 6 车道）切割，不易通过。

③干道功能混合：汉渝路、机场路客货运输功能重叠。

④次支路网不成系统：次支路网密度低，存在错位和断头路等问题。

总的来看，虽然商圈紧邻机场，但商圈与机场长期处于空间割裂状态。从机场看商圈，"看得到走不到"；从商圈看机场，"看不到走不到"，港城产业联动性差，必须采取扭转型战略措施。

5.3　国际航空大都市发展经验

在机场发展初期，机场相对独立，临空发展区依托机场形成同心圆的空间结构。这个阶段的产业也处于初期阶段，如生产制造业主要为电子制造；物流业主要为货运站、运输中心、物流基地；金融商务多为机场自身办公、航空公司基地；科技研发也多为航空培训类；消费娱乐主要是游乐、酒店娱乐等；而文化展销等产业还未发展起来。

在此阶段，机场及周边区域在空间上主要呈现同心圆发展结构，如图 5.6 所示，其产业空间结构一般表现如下：

①1 km 范围内为航空运输服务、航空公司、机场运营等功能区域；

②1～5 km 为航空指向性强的电子信息、货运站、物流基地等功能区域；

③5～10 km 为具有城市特征的游乐场、酒店餐饮、汽车租赁、航空培训等相关功能区域。

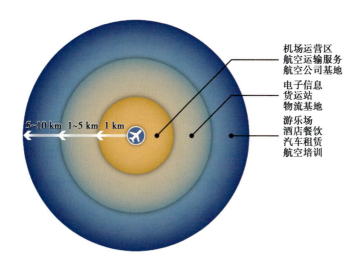

机场运营区
航空运输服务
航空公司基地

电子信息
货运站
物流基地

游乐场
酒店餐饮
汽车租赁
航空培训

5~10 km　1~5 km　1 km

图 5.6　空港周边空间产业同心圆式布局

随着机场功能的日益强化,以及与城市互动日益明显,机场周边功能布局逐渐异化,不再是单纯的圈层结构,如图 5.7 所示。这一阶段机场整体功能空间分布具有明显差异:

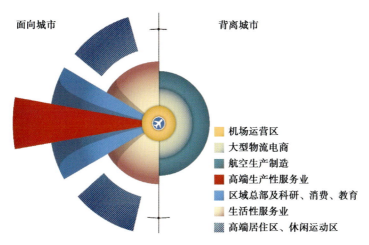

面向城市　　　　　　　背离城市

机场运营区
大型物流电商
航空生产制造
高端生产性服务业
区域总部及科研、消费、教育
生活性服务业
高端居住区、休闲运动区

图 5.7　港城空间关系与关联产业布局图

①背离城市的一侧主要为生产和运营功能,机场向外依次为机场运营区、大型物流基地、航空生产制造区域;

②面向城市一侧受交通干线影响,沿道路两侧为航空依赖强烈的全球企业总部,商务、金融、文化会展等高端生产性服务业,道路外围为区域总部及科技研发、消费娱乐、教育培训等产业。

通过分析巴黎、荷兰、韩国等航空经济产业区发展规律,可以发现一些共性:

①足够的核心区规模支撑经济发展:机场核心区占地规模都巨大,平均规模基本在 200 万 m^2 以上。

②核心区业态中商业商务占主导地位:商业普遍占 41% ~ 45%,商务普遍占 13% ~ 15%。

③商业业态以购物中心和餐饮为主。

表 5.1　国际航空城空港与周边发展概况

机场名称	法国戴高乐机场	荷兰史基浦机场	韩国仁川机场
机场概况	3 座航站楼; 航站楼占地 18 万 m²; 客运量 6 200 万人次; 货运量 188 万 t	1 座航站楼; 航站楼占地 41 万 m²; 客运量 5 500 万人次; 货运量 160 万 t	1 座航站楼; 航站楼占地 49.6 万 m²; 客运量 4 400 万人次; 货运量 254 万 t
核心区规模	256 万 m²(商业、航空产业、酒店、住宅)	240 万 m²(商业、写字楼、酒店、航空产业)	264 万 m²(商业、航空产业、居住)
商业业态	购物中心、餐饮	购物中心、餐饮	百货商店、购物中心
商业规模	商业:75 万 m²(41%) 商务:25 万 m²(13.8%) 居住:36 万 m²(20%)	商业:71.4 万 m²(44%) 商务:20.4 万 m²(13%) 航空:61.2 万 m²(38%)	商业:88 万 m²(41.4%) 航空:90 万 m²(42.1%) 居住:20 万 m²(9.3%)

表 5.2　国际机场与重庆江北机场对比情况

机场名称	法国戴高乐机场	荷兰史基浦机场	重庆江北机场
建成经历	1974 年启用;1996 年启用 T2;2012 启用 T2G	1967 年建成;1988 年定位航空城;2050 年第二代航空城	1990 年运营;2008 年扩建;2011 年新建 T3
规模	3 座航站楼;机场占地面积 324 万 m²	1 座航站楼;机场占地面积 300 万 m²	3 座航站楼;机场占地面积 300 万 m²
对接城市	通航城市 430 个	通航城市 301 个	国内城市 95 个,港澳台 6 个,国际 23 个
航线	国际民航航线 454 条;国际货运航线 38 条	国际民航航线 323 条;国际货运航线 27 条	国内航线 130 多条;国际航线 20 条
客货吞吐量	客:6 381 万人次 货:217 万 t	客:5 252 万人次 货:153 万 t	客:2 527 万人次 货:28 万 t
规划吞吐量	客:2020 年 8 000 万人次 货:2020 年达 390 万 t	客:2020 年 6 500 万人次 货:2020 年达 350 万 t	客:2020 年 4 500 万人次 货:2020 年达 110 万 t

通过对比可知,重庆江北机场在产业、交通配套等方面主要存在以下两方面的不足,亟须提升完善:

①重庆江北机场虽然与其他两个机场的核心区面积基本相当,但在商业、商务办公、酒店配套等领域开发力度不足,且周边产业与机场的关联度低、与机场互动弱。

②重庆江北机场与城市交通对接弱、模式少。

表 5.3　国际机场与重庆江北机场产业与交通对比情况

机场名称			法国戴高乐机场	荷兰史基浦机场	重庆江北机场
核心区面积			0.8 km²	0.6 km²	0.7 km²
产业对比	商业	基本情况	奥特莱斯 AEROVILLE 购物中心	史基浦购物中心(100多家商店,14多万种商品)	金港国际、重百商城沿街底铺
		特征	服务候机旅客与周边居民种类多、价格适中	商店多、品种全旅客和居民购买为主	传统街区式商业客群以周边居民为主
	商务	基本情况	航空产业区、商务区(写字楼和公寓)	北部业务走、中央商务区航空产业办公	航空企业办公区、各类行政办公5处
		特征	总部办公基地、会展中心	跨国公司总部及航空产业基地	政府、机场办公航空产业
	酒店	基本情况	酒店 20 余家(三星级以上酒店17家)	酒店 24 家(三星级2家、四星级5家)	酒店14家,星级酒店仅2家(其中五星级1家)
		特征	国际品牌酒店云集	人性化服务、配套齐全	设施陈旧、停车配套缺失
交通对比	城市	基本情况	市中心及周边城市:TGV 高速铁路,高速公路 E15	市中心:机场火车站(15 min/趟,15～20 min/班)高速公路 A5 和 E19	市中心:轻轨3号线机场路和包茂高速渝北区;地铁10号线
		特征	可直接换乘高铁出行	高效、多维对接	与主城区沟通方式单一
交通对比	周边	基本情况	有轨电车(4 min 一班)、专线巴士(15 min 一班)	高架、空中连廊、人行道、公路(区间通大巴)	核心区分布8条道路,核心区被轻轨与机场路切割
		特征	与机场外对接便利	形成立体交通系统	机场核心区缺少互动媒介

5.4　一体化规划对策

1）产业融合

规划提出优化空间布局、引入关联产业、产业复合延伸、完善公共配套 4 项措施，如图 5.8 所示。

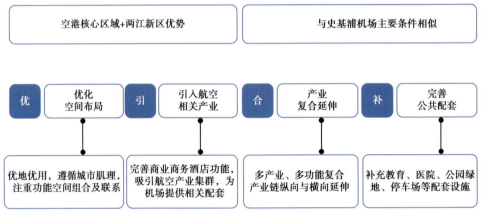

图 5.8　产业优化发展对策

2）用地拓展

充分挖掘地形高差优势，实现土地的立体开发与集约化利用，通过交通、物业、配套设施的一体化开发，实现土地利用效益最大化，构建地下空间利用新模式，如图 5.9 所示。

3）交通支撑

强化对外交通，整合内部通道，打通机场与商圈核心区的多种模式交通联系，构建一体化、现代化的综合交通体系，如图 5.10 所示。

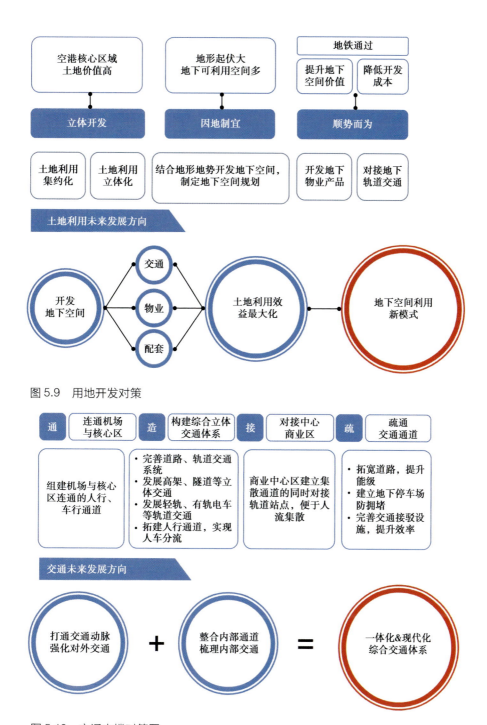

图 5.9　用地开发对策

图 5.10　交通支撑对策图

5.5 空间复合利用

5.5.1 开发模式建议

商圈扩容改造需要进行大规模拆迁,需评估商圈扩容改造的经济性。经测算,拆迁建设开发区域的总拆迁量约 11.46 万 m²,至少需要 18 万 m² 的拆迁补偿方量。根据商业金融用地容积限制,预计可修建计容建筑面积约为 27 万 m²。由于区域航空限高,建筑高度需要控制在 30~40 m,控规建筑密度不能满足开发容积率要求,需要增加建筑密度,并进行地下空间综合利用,提升资源利用效率。

结合轨道站点点位,选择 300 m 核心服务圈层作为立体空间利用范围,并制订分期开发建议。该范围处于片区高点,地下空间利用具有天然优势,且该范围能和金港国际及机场形成紧密的连接。

5.5.2 工程建设控制要素

商圈地形条件复杂,地上、地下情况复杂,敏感性高,提升改造难度大,必须保证改造方案切实可行,因此需要对工程建设的控制要点情况进行全面梳理。

1)控制要素 1:场地地形

从地形分析看,商圈地形最高点道路标高为 444.5 m,沿最高点东西方向,核心片区内西侧道路交点标高为 432.2 m,东侧低点标高为 435.4 m;沿最高点南北方向,北侧标高为 437.2 m,南侧标高为 440.3 m,形成中间高、四周低(高差 4~12 m)的地形。地下空间可与地形紧密结合,利用地形创造出可达性强、舒适度高、通风良好的公共地下空间。

2)控制要素 2:渝北广场轨道站

轨道 10 号线横向穿过核心片区设渝北广场站,如图 5.11 所示,渝北广场轨道站点位于商圈核心区下方 70 m 处,设有 3 个出入口。3 个出入口相对孤立,仅有垂直交通功能,缺乏平面间联系,且分别通过 3 部分散的大扶梯下到轨道站厅层,对轨道站点上方用地形成合围之势,极大地限制了该用地的地下空间开发,且与地下空间联系较弱。因此,地下空间的利用需要与渝北广场轨道站点相结合,把轨道站人流引入地下空间,促进地下空间开发。

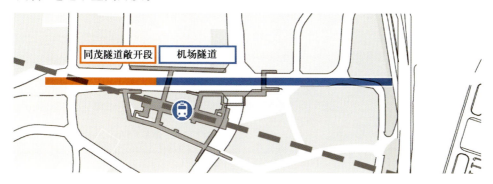

图 5.11 工程控制点布局图

3)控制要素 3:空港隧道

现状商圈北侧同茂大道下方建设有空港隧道,隧道底部标高为 426 m,顶部标高为 432 m,核心片区南北向交通联系基本被隧道隔断,需重点考虑下穿隧道与地下空间的标高关系。

5.5.3 竖向空间结构

经过测算,地下商业至少需要新增面积 8 万 m²。为此,构建核心区域 5 层竖向空间结构,其中,地下一层和地下二层为商业开发,地下三层至地下五层为停车位空间,如图 5.12 所示。

此时,核心片区的大高差地形反而成了设计优势。由于核心区中部地形最高,在进行地下空间挖掘利用后,地下一层和地下二层的邻道路面有大半空间位于地面区间,可设计为临街面,保证了临街商铺、地下商业空间的可租赁性。

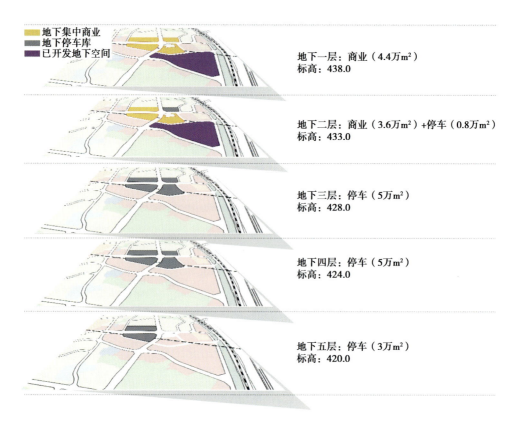

地下一层：商业（4.4万m²）
标高：438.0

地下二层：商业（3.6万m²）+停车（0.8万m²）
标高：433.0

地下三层：停车（5万m²）
标高：428.0

地下四层：停车（5万m²）
标高：424.0

地下五层：停车（3万m²）
标高：420.0

图 5.12　商圈核心区域竖向开发示意图

5.6　交通网络提升

5.6.1　扩容后商圈交通需求

交通量预测分析采用传统的四阶段法。本项目采用综合交通规划标定的模型参数，以 TC 和 Synchro 交通规划软件作为操作平台。

1）原控规用地交通预测

区域交通量的发展与商圈交通影响区的土地利用、建筑开发体量、开发使用状况密切相关，因此根据控制性详细规划，以各个交通分区为单位，预测未来片区的交通量。

表 5.4　内部交通小区 OD 矩阵

小区	1	2	3	4	5	6	7	8	9	10	11	12	13	14	15	16	17	18	19	20
1	5	5	8	4	21	17	4	10	6	4	5	19	9	4	13	6	8	2	5	8
2	13	12	19	10	52	42	9	24	14	10	12	47	23	9	32	14	19	6	13	21
3	13	12	19	10	51	41	9	24	14	10	12	46	23	9	31	14	19	5	13	21
4	9	9	13	7	36	29	6	17	10	7	8	33	16	6	22	10	14	4	9	15
5	20	18	28	14	76	61	13	35	20	15	17	68	34	13	46	21	28	8	19	30
6	16	15	22	11	60	49	10	28	16	12	14	55	27	10	37	17	23	6	16	24
7	3	3	5	2	13	10	2	6	3	2	3	11	6	2	8	3	5	1	3	5
8	9	8	13	7	35	28	6	16	9	7	8	31	16	6	21	10	13	4	9	14
9	5	5	7	4	20	16	3	9	5	4	4	18	9	3	12	5	7	2	5	8
10	4	4	5	3	15	12	2	7	4	3	3	13	7	2	9	4	6	2	4	6
11	6	5	8	4	22	17	4	10	6	4	5	19	10	4	13	6	8	2	6	9
12	18	16	25	13	68	55	11	31	18	13	15	61	30	11	41	19	25	7	17	27
13	9	8	12	6	33	27	6	15	9	7	7	30	15	6	20	9	13	4	9	13
14	6	5	8	4	22	18	4	10	6	4	5	20	10	4	13	6	8	2	6	9

续表

小区	1	2	3	4	5	6	7	8	9	10	11	12	13	14	15	16	17	18	19	20
15	12	11	17	9	47	38	8	22	12	9	11	42	21	8	29	13	18	5	12	19
16	7	7	11	5	28	23	5	13	7	6	6	26	13	5	17	8	11	3	7	11
17	10	10	15	8	40	32	7	19	11	8	9	36	18	7	24	11	15	4	10	16
18	2	2	3	2	9	7	1	4	2	2	2	8	4	1	5	2	3	1	2	3
19	15	14	21	11	57	46	10	26	15	11	13	51	25	10	35	16	21	6	15	23
20	31	29	45	23	120	97	20	56	32	24	27	109	54	20	73	33	45	13	31	425

综合考虑研究区域及其周边地区不同地块的土地使用性质、规划路网结构框架与自然地势隔阂等多方面因素,将研究区域划分为 20 个内部交通小区和 10 个外部交通大区(表 5.4)。在原控规未考虑地下空间开发的条件下,开发建筑面积约 400 万 m^2,其中,居住用地占 55%,商业用地占 38%,其他用地占 7%。根据不同用地性质的高峰小时交通出行率及机场年旅客吞吐量,预测控规开发体量生成的交通总量。

根据测算,区域内高峰出行总量约为 11 700 人次/h,其中内部交通出行约 2 800 人次/h(占 24%),对外交通出行约 8 870 人次/h(占 76%)。内部交通小区交通量生成图如图 5.13 所示,区域机动车交通出行分布图如图 5.14 所示。

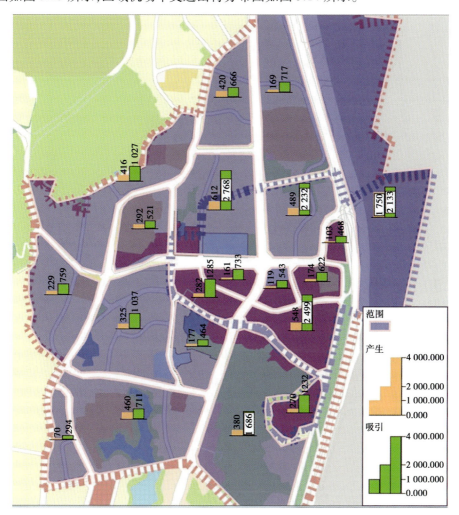

图 5.13　内部交通小区交通量生成图

结合 2014—2015 年重庆市交通出行方式比例,对内部交通、外部交通出行方式结构进行划分,确定出行量,计算得到片区小汽车总当量(表 5.5)。

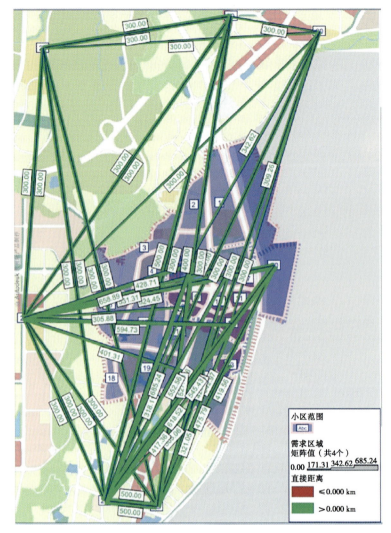

图 5.14　区域机动车交通出行分布图

表 5.5　分方式交通出行量

空港商圈	出行量（人次/h）	对外出行比例（%）	对内出行比例（%）	小汽车当量（pcu/h）
小汽车	30 607	35	10	20 404
出租车	8 685	8	5	5 790
公交车	33 870	37	20	1 110
轨道	20 398	20	5	—
步行	12 252	0	60	—

2)地下空间开发新增交通预测

根据用地开发规划,地下空间商业开发新增建筑面积约 8 万 m²,新增的商业开发
预计诱增交通量约 1 150 辆/h。

表 5.6 　 主要通道诱增交通量分配情况

地下开发新增建面(m²)	80 000				备注
交通量(pcu/h)	进入:917		离开:230		
北侧通道	27%	46	27%	62	主要通道:双龙大道、滨港路 次要通道:汉渝路、汉渝路一巷
西侧通道	25%	230	25%	58	主要通道:双龙大道、滨港路 次要通道:汉渝路、胜利路
南侧通道	46%	421	46%	106	主要通道:同茂大道
东侧通道	2%	20	2%	5	主要通道:机场立交

3)总流量

将原控规用地产生的交通量与地下空间开发诱增交通量叠加后分配到路网,可得
到片区路网交通量,如图 5.15 和表 5.7 所示。可以看到,主要干道集散点、内部次支路
网交通压力较大,存在多个交通堵点,如汉渝路/双凤路路口、滨港路路口、汉渝路一
巷、双凤支路等。

表 5.7 　 区域路网交通饱和度

道路名称	晚高峰小时流量(pcu/h)	晚高峰小时饱和度
观音岩路	3 750	1.42
汉渝路	3 400	0.89(局部 1.00)
双龙大道	4 470	0.97
机场快速路	6 960	0.82
渝航路一巷	1 650	1.58
渝航路三巷	1 450	1.36
胜利路	1 970	0.65

续表

道路名称	晚高峰小时流量（pcu/h）	晚高峰小时饱和度
同茂大道（隧道）	5 270	1.03
同茂大道（辅道）	3 160	0.83
双凤支路	1 310	1.58
双凤路四巷	1 530	1.47

颜色越深，代表道路交通饱和度越大，交通流越发趋向于不稳定，拥堵发生概率越大。可以看到，片区主要道路基本上处于交通饱和状态，道路网络无法支撑商圈扩容发展

路段流量
0 1171 2343 4683

路段饱和度
饱和度≤0.5
饱和度≤0.8
饱和度≤0.9
饱和度≤1.0
饱和度＞1.0

图 5.15　区域路网交通饱和度图

5.6.2　商圈与空港衔接交通需求

根据机场年旅客吞吐量、中转客流比例、机场工作人员总量、旅客到达/离开机场交通方式划分以及停留时间分布等基础数据,对潜在消费人群流量进行预测,进而预测空港商圈与机场(航站楼)之间衔接交通需求,如表 5.8 所示。

表 5.8　机场与商圈客流交换预测

旅客出行特征	社会车辆	出租车辆	机场大巴	公交	长途	轨道	铁路	其他	合计
旅客到达机场交通方式划分(%)	23	19	7	4	10	20	15	2	100
停留时间 4 h 以上的比例(%)	10	15	10	2	70	10	50	2	—
停留时间 4 h 以上客流量(人次/h)	228	281	70	9	690	197	741	4	2 220
潜在消费人群比例(%)	50	50	70	70	70	70	70	60	—
潜在消费客流量(人次/h)	114	140	49	6	483	138	519	3	1 452

5.6.3　路网优化

基于流量预测对整体路网运行情况进行分析,发现既有规划路网交通运行存在以下两个问题:

①主要干道及其集散交叉口出现不同程度拥堵,内部次支路网交通压力增大。

②周边次干路和支路网络不成体系,过境交通和到发性交通均在干道上进行转换。

为解决规划路网问题,项目以现状交通问题及未来交通需求为导向,从综合交通优化治理的角度出发,提出区域交通系统的整体规划思路。经过初步判断后认为,既有路网优化完善空间有限,单纯通过完善机动车网络缓解交通矛盾的可能性较小。因此,需要在现有交通网络格局基础之上,尽量发挥轨道交通与公共交通的作用。

1)干路功能调整

剥离重要城市道路的货运功能,加强其对商圈及沿线用地的客流服务功能。汉渝路功能调整如图 5.16 所示。

图 5.16　汉渝路功能调整

2）打通次干路

打通内部通道,优化次支路网,优化跨机场路通道,完善商圈与机场联系通道结构。

对优化后的路网重新进行路网流量分配预测。对比交通运行情况可知,基于路网优化的方案,交通拥堵有所缓解,局部次支道路饱和度降至 1.0 以下,但是主要进出通道交通供需矛盾依然突出。优化前后的路网饱和度图分别如图 5.17 和图 5.18 所示。

路网结构性问题很难通过局部路网的优化完善达到改善目的,因此,需要尽量发挥轨道交通与公共交通的服务作用。

5.6.4　公交提升

本项目范围内共有 2 条轨道交通线路(3 号线、10 号线)经过,共设 5 个轨道站点。通过仔细分析轨道交通布局,发现在空间布局、辐射范围、换乘便捷度方面存在以下三个方面的问题:

①轨道 3 号线沿机场高速布局,对老城的服务功能有限,且其站点距离核心区距离较远。

②轨道 10 号线为东西走向,缺乏对老城居民的服务。

图 5.17　优化前路网饱和度图

图 5.18　优化后路网饱和度图

③轨道3号线与轨道10号线仅仅通过支线在T2航站楼站实现通道换乘,换乘点距离商圈较远。

为弥补轨道3号线对老城区服务功能的不足,解决轨道交通在商圈区域换乘不便的问题,规划新增一条地面公交骨干线。该线路全长12.3 km,共设14个站点,其中包括4个换乘站点,如图5.19、图5.20所示。

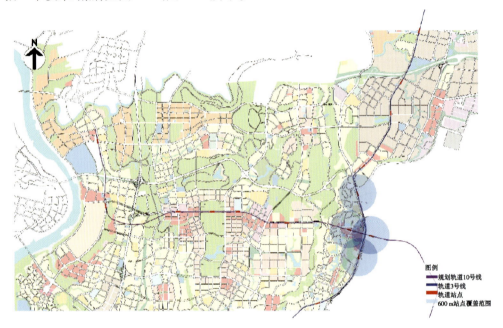

图 5.19　商圈轨道交通线路图

规划的地面骨干公交考虑快速公交 BRT 形式,或者地面有轨电车系统。对有轨电车线路站点布局进行了深化研究,线路沿现状道路中央布置,占据现状 2 条车道空间。结合路口拓宽设置对向分离式站点,与地面人行过街横道相接,可方便人流组织,不用修建天桥,达到了减少投资及景观负面作用的效果。

地面有轨电车线路将提供 5 000~8 000 人次高峰客流通行能力,预计能分流双龙大道 1 200~1 600 辆小汽车交通流。

5.6.5　地下停车库连通道

设置互联互通的地下停车系统,形成联动的地下停车空间。将地下停车库连通道出入口设在核心区外部,减少进入核心区的车辆数量,以改善区域地面交通环境,如图5.22所示。

地下连通道的标高为 428 m。由于东西向的机场下穿隧道底标高为 426 m,顶标

通过新增地面公交线路，形成贯通南北，联系老城、商圈、北部片区的中部客流轴线，并与轨道交通线网实现多点换乘，加强了服务衔接功能

图 5.20　规划新增地面有轨电车线路图

图 5.21　规划新增地面公交模型示意图

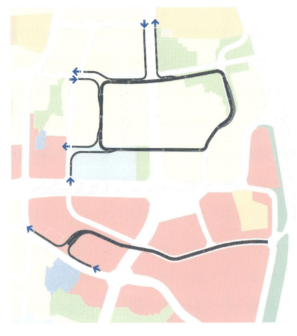

北侧地块扩容改造为商业商务地块，结合地块本身改造，修建环形地下停车库连通道系统，结合地形条件，出入口可平层进入地下车库层；

南侧为现状商圈，两侧建筑及建筑地下停车库均已建成，规划设计为直线型连通道，出入口联系外围主要干道

图 5.22 南北两侧地下车库连通道布局图

高为 432 m,使得南北两侧的地下停车库无法连接,从而在南北双侧形成两条独立的地下连通道系统。停车库连通道的地面出入口布置于外围道路,出入口标高与周边较低区域道路标高接近,可由地面道路直接平进平出。

进出商圈的车流通过外围进出口直达核心区地下车库,预测有 800~1 600 辆小汽车可通过地下车库连通道分流,这将进一步降低内部核心区的地面交通压力。

5.7 开发建议

5.7.1 开发计划

根据地块开发条件,计划分三期实施,如图 5.23 所示。

- 一期:轨道 10 号线渝北广场站上方地块,目前平场为地面停车场,已经具备开发建设条件,并且具备快速实施、迅速成为商圈新标志的条件;
- 二期:待区政府搬迁后开发,与现状商圈、一期开发地块共同形成商业综合体;

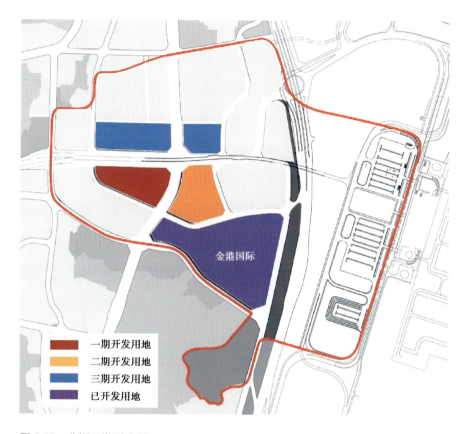

图 5.23　分期开发时序图

● 三期:北侧地块开发,与现状商圈、一二期开发地块形成合力,共筑高规格高档次的商业核心区。

表 5.9　分期开发拆迁面积及拆迁费用预估

分期	拆迁面积(m^2)	拆迁费用(万元)	地上开发面积(m^2)
一期	38 857	28 300.85	80 964
二期	16 555	19 471.25	60 012
三期	59 213	56 368.95	130 738
合计	114 625	104 141	271 714

5.7.2　优先开发区域建议

具体的开发建设时序方面,优先开发目前土地价值高、已具备出让条件的地块。

1)优先开发位于西南侧地块

该用地为旧城核心区段、地铁站点所在地、现状停车场及已拆迁用地,因此土地价值高、拆改成本低。秉持优地优用的原则,对该地块进行商业开发(以商业、商务办公为主),与现状商业中心形成合力。通过大盘联动,形成商业商务中心,展现地标景观新形象,扩大商圈影响力。

图 5.24 优先开发区域

2)中期开发区府所在地块

中期开发地块紧邻主干道交叉处,商业价值高,且紧邻现状商业区,区域商业发展成熟,商业氛围好。具体开发建议如下:

①保留广场并改造,疏散地面人流,提供核心区的公共活动空间。

②对地上停车场及政府大楼进行商业中心开发,与现状商圈联动发展,发挥商业聚合、形象展示的功能,扩大商圈规模及影响力。

5.7.3 拆迁费用估算

按照公建配套、住宅、商业、办公四类用地测算拆迁总量与费用,拆迁总量约 107 738 m²,总费用约为 104 141.05 万元。开发总量与费用估算表如表 5.10 所示。

表 5.10　开发总量与费用估算表

序号	物业类型	总面积(m^2)	总户数(户)	价格(元/m^2)	总价格(万元)
1	核心区地块开发拆迁				
1.1	公建配套	8 341		2 000	1 668.17
1.2	住宅	74 823	998	7 500	56 116.98
1.3	商业	21 915	438	20 000	43 829.20
1.4	办公	2 660	27	9 500	2 526.70
	拆迁总量	107 738	1 463		104 141.05
2	新建/改造道路拆迁	68 725		500	3 436.25

5.8　项目总结

空港商圈一体化改造规划设计编制于 2014 年,彼时城市核心区更新改造处于起步初期,存在老城功能迭代、闲置地块开发、交通缓堵改造等多方面的急切诉求。如何回应各方诉求,找到项目平衡点,是团队面临的巨大挑战。为此,项目组建了包括规划、产业、交通、建筑、市政等多专业在内的综合团队,提出了产业导入、综合开发、交通整治"三位一体"的解决方案,力求为城市核心区更新提供解决对策与方案。

后续因各方面原因,项目未有实质性推进,回过头看,原规划方案只是初具雏形,项目本身还有诸多需要进一步深化和挖掘的点。该项目在当时条件下对团队的技术资源和整合能力提出了非常大的挑战,推进过程十分艰难。不过也正是因为这个项目,团队进一步加深了对城市开发运营、技术资源整合重要性的认识,并着手强化在一体化规划—策划—设计过程中的能力建设,也为后续城市更新、TOD 类型项目等积累了宝贵经验。

第6章 重庆两江国际商务中心地下建筑及交通一体化规划设计

本项目的核心任务在于提高场地的立体空间利用率及整体交通体系的出行能力与可达性,需要做到区域交通总体布局、内部复合交通总体设计、场地建筑立体空间开发的有机结合及一体化规划,从系统的、整体的、立体的角度来解决地块高强度、大体量开发引发的交通需求问题。

6.1 项目概述

6.1.1 项目背景

1)重庆内陆经济全面开放新格局

重庆空港新城,毗邻江北国际机场、悦来会展中心,是重庆市城市空间向北拓展的核心载体。重庆两江国际商务中心位于空港新城中部,东距江北国际机场 6 km,西距悦来会展中心 3 km,紧邻中央公园、体育公园、行政服务中心,是重庆北部片区人口聚居、会展商务和总部经济辐射的重点区域。如图 6.1 所示,临空都市区已经成为重庆乃至成渝地区临空经济发展的重要组成部分,随着 T3 航站楼落成,两江国际商务中心以得天独厚的区位优势,成为中外客商投资重庆及成渝经济区的首选之地。它与重庆自贸区、国际博览中心、江北机场互联互动,成为推动国际贸易、打造重庆内陆经济全面开放新格局的拓位点。

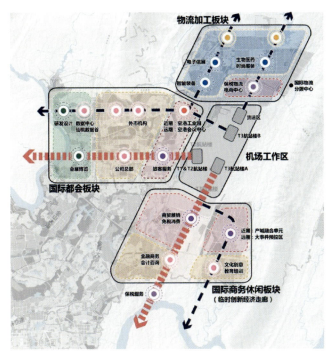

国际都会板块以中央公园、悦来会展中心、仙桃国际数据谷为中心，依托北侧龙王洞山与西侧嘉陵江良好的自然生态资源，重点发展临空现代服务业；中央公园功能组团主要发展跨国公司区域总部、周边地区驻渝机构、西南电商总部、金融商务等

图 6.1　临空都市区概念性总体规划—功能板块（编者自绘）

2）北区新轴线强力驱动

以两江国际商务中心为驱动，串联悦来会展中心、国际商务中心、中央公园、行政中心、江北机场等功能地块，为商务区的发展提供伸展空间，形成影响重庆、辐射西南的新轴线。项目范围如图 6.2 所示，项目基地占地近 57 万 m²，地上开发体量近 210 万 m²，地下开发体量约 150 万 m²。项目将依托空港新城的航空、轨道、内外环交通区位优势，以及重庆北部人口聚居、生产服务、会展商务和总部经济辐射优势，成为重庆北部现代化国际大都市新兴城市形象展示区。

重庆两江国际商务中心位于空港新城两路组团 F 标准分区重庆中央公园西侧，占地面积约56.8万 m²，地上总建筑面积约210万m²

图 6.2　规划范围及用地规划图（编者自绘）

6.1.2　项目特色

1)特色一:从区域统筹角度提出与土地开发相结合的交通总体解决方案

立足区域层面,提出包括新型轨道交通、区域过境交通组织、外围新增分流通道、P+R 引导、内部新增区内公交环线、公交首末站复合立体开发等战略性、支撑性、创新性的规划方案。在统筹区域交通体系的基础上,对内部地面交通、地下交通、车行交通、人行交通系统设计也提出了可落地的实施方案。

2)特色二:创新性提出上下行分层服务性地下道路解决方案

为解决项目核心区路网结构缺失、东西通道明显不足的问题,规划设计地下道路系统,构建连接商务区与东西侧纵向道路的地下次干路系统,强化地下道路交通集散功能,结合周边主干道组织交通,解决核心区快速到发交通需求。规划提出三种地下道路方案,以补全区域路网结构。基于城市长远发展及片区交通综合评估,推荐采用中线通道方案。进一步结合场地条件限制因素,充分结合地下建筑与商业开发需求,采用地下双层道路形式,分层组织进出交通,以满足地块车流快速进出需求,使地面道路交通压力得到有效缓解,内部及周边道路高峰小时饱和度降低至 0.85 以下,关键节点车均延误降低 30%。

3)特色三:创新型构建全地下、全覆盖山地城市步行网络

商务区内部交通规划框架的核心是将区域内各交通设施、周边体育公园和中央公园相互联系起来,形成一个约 2.4 km 长的"主干步行网络",实现 24 h 开放,使开发地块、交通设施和重要公共空间之间可以方便地步行抵达。在此基础之上,结合连通各地块的地下建筑空间,形成"次干及毛细步行网络",以形成一个全地下、全覆盖,总长约 6.2 km 的步行系统,让人流更为便捷、舒适地在区域内穿行,避免与地面交通穿插。

6.2　核心问题与制约因素

6.2.1　核心问题

1)传统机动化出行模式不可持续

项目周边骨架路网已基本成型,现状同茂大道高峰小时双向车流约 3 200 辆,饱

和度已达 50%。

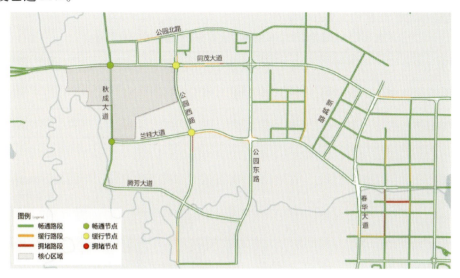

图 6.3　现状交通运行情况（编者自绘）

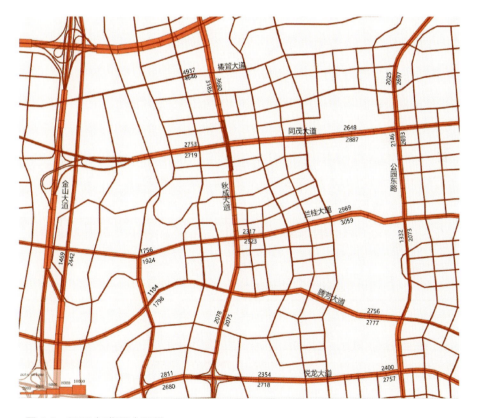

图 6.4　2030 年背景交通量

注：图片及数据来源于重庆市综合交通规划预测模型。

规划年项目产生、吸引人流量高峰小时约 8.2 万人次,若采用传统机动化出行模式,高峰小时车流量约 1.7 万 pcu。

表 6.1　本项目 2030 年交通方式划分(传统机动化出行模式)　　单位:%

物业名称	小汽车	公交车	轨道	出租车	步行	旅游大巴	合计
购物、办公人流	20	25	18	8	29	—	100
公园休闲人流	26	19	16	15	14	10	100

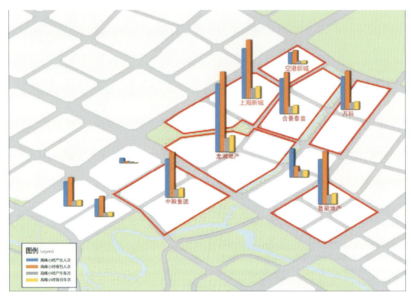

两江国际商务区主要发展的产业门类为办公、商业、酒店,共计206万平方米

图 6.5　2030 年晚高峰小时本项目产生、吸引交通量预测(编者自绘)

表 6.2　2030 年晚高峰小时本项目产生、吸引交通量预测

本项目需求预测	高峰小时人流量(万人次/h)		高峰小时车流量(万 pcu/h)	
	产生	吸引	产生	吸引
小计	3.69	4.51	0.74	0.96

表 6.3　2030 年本项目交通分布预测

方向	组团	购物、办公人流(%)	公园休闲人流(%)
东	江北国际机场、两路	40	40
南	回兴、翠云、鸳鸯、人和、大竹林	30	20

续表

方向	组团	购物、办公人流(%)	公园休闲人流(%)
西	蔡家、会展中心、礼嘉	10	5
北	水土、复兴、空港工业园	20	35

传统机动化出行模式下,规划年项目产生交通量叠加背景交通量之后,分析发现:

①商务区外围4条干道中,同茂大道、兰桂大道交通流趋于饱和,6个外围节点中有5个节点服务水平在E级以上,如图6.6所示。

②内部次支路大多数服务水平可接受,但局部饱和度高。

③传统机动化出行模式不可持续,亟须提升轨道交通及公共交通辐射能级。

表6.4　传统机动车出行模式下道路流量预测与节点服务水平

道路名称	叠加后流量(pcu/h)	饱和度	交叉口	延误(s)	服务水平
同茂大道	5 864	0.93	同茂大道/秋成大道	110	F
兰桂大道	6 621	1.05	同茂大道/公园西路	75	E
秋成大道	4 410	0.70	同茂大道/公园东路	81	F
公园西路	3 230	0.59	兰桂大道/秋成大道	85	F
公园东路	5 410	0.74	兰桂大道/公园西路	118	F
			兰桂大道/公园东路	120	F

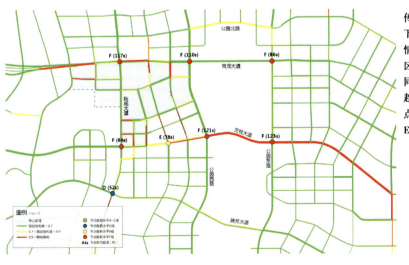

传统机动车出行模式下道路及节点的运行情况不容乐观。商务区外围4条干道中,同茂大道、兰桂大道趋于饱和,6个外围节点中有5个服务水平在E级以上

图6.6　传统机动车出行模式下道路及节点运行情况(编者自绘)

137

2）公共交通设施供给不足、换乘不便

项目周边有 2 条轨道线路经过,分别是现状轨道交通 10 号线和轨道交通 5 号线北延伸段,如图 6.7 所示。

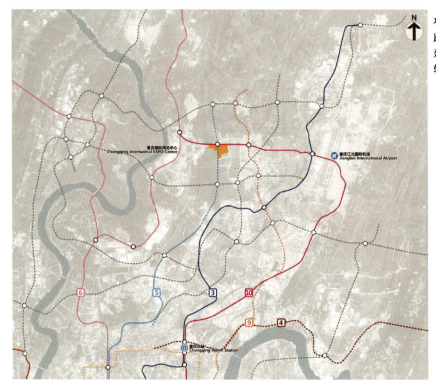

项目周边轨道线路规划5号线北延伸线,已运营轨道10号线

图 6.7 主城区轨道线网规划(编者自绘)

已运营轨道 10 号线起于两江新区王家庄,止于南岸区兰花路,线路全长 44.3 km。全线设车站 27 处,其中换乘站 14 处,目前鲤鱼池至王家庄段正在运营,鲤鱼池至兰花路段正在建设中。轨道交通 10 号线可达重庆北站北广场、重庆北站南广场、江北国际机场 T3 和 T2 航站楼等重要交通枢纽,沿线串联了观音桥组团、人和组团、空港组团、悦来组团、南坪组团等核心功能组团,在项目范围附近设 2 个站点,为中央公园西站、中央公园站。

轨道 5 号线北延伸段接现状 5 号线园博中心站,向北延长至悦港大道站。已建 5 号线从园博中心站向南至跳磴,全长 39.7 km,设车站 25 座,直达重庆西站,联系北部片区观音桥、人和组团和中部片区的大杨石组团、大渡口组团。项目范围附近站点包括鲁家沟站、中央公园西站。如图 6.8 所示,轨道交通 5 号线沿秋成大道布设,在中央公园西站与 10 号线换乘,5 号线距地面埋深近 50 m,进出站及站点换乘较为不便。

轨道站点公交接驳分析如表 6.5 所示,轨道与公交接驳数量少,且步行可达性较差。

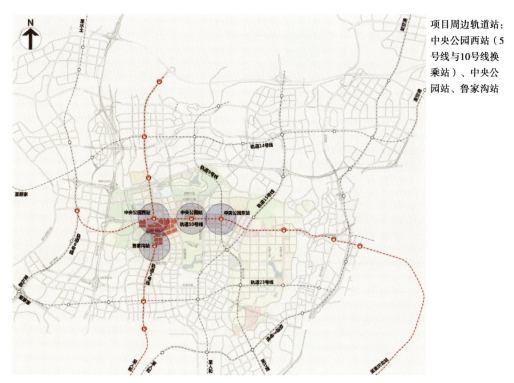

项目周边轨道站：中央公园西站（5号线与10号线换乘站）、中央公园站、鲁家沟站

图6.8　片区轨道线路及站点规划（编者自绘）

表6.5　基于控规的轨道中央公园西站、鲁家沟站接驳分析

站点名称	轨道出入口	现状接驳公交站点	控规规划接驳公交站点	现状接驳公交线路	存在的主要问题
中央公园西站	4个	—	4个	—	出入口数量不足,覆盖范围小;公交接驳数量少,便捷度较差;人行系统不健全,过街较不便;步行可达性较差,环境待提升
鲁家沟站	4个（规划新增1个,调整1个出入口）	—	3个	—	

3)过境交通冲击,内部路网结构性缺失,难进难出

同茂大道贯通东西,联系悦来会展城与江北国际机场,秋成大道和公园东西路连通南北。三条通道承担空港新城重要的交通联系职能,大量的通过性交通直接冲击商务中心核心区,干扰区域内部进出交通。同时,交通干道与交通流客观上形成对商务中心地块的时空分割,降低商务中心内部机动车交通及人行交通的连贯性与可达性。

城市设计工作与交通规划同步进行,因此,地下空间规模及功能布局需与城市设计相协调。但是由于地上城市设计成果尚未稳定,对地下空间利用的影响巨大,尤其是地上轴线公园的形式还未完全确定,城市设计倾向于结合重庆山地特点重点打造线

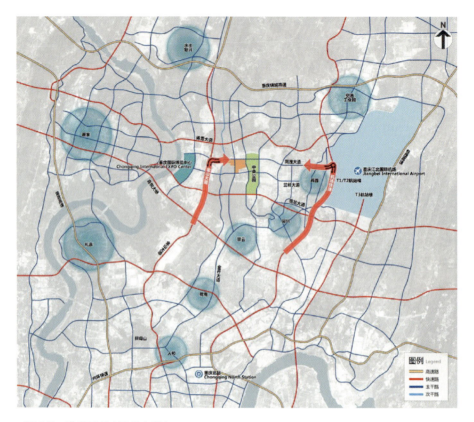

图6.9　道路系统(编者自绘)

外部过境快速路系统:南北向金山大道、机场快速路,东西向椿萱大道、金星大道

内部到达服务主干路系统:南北向秋成大道、公园东路—金开大道,东西向同茂大道、

　　悦龙大道、兰桂大道

性公园步道,提出取消内部部分城市道路的构想(图6.10),这将会导致片区内路网结构缺失更为严重,东西通道明显不足。

4)人车冲突显著激化,停车刚需难以解决

根据交通预测,高峰时间进出人流量和机动车车流量分别达到82 000人次和17 000辆。高密度的人流、车流在此聚集,将显著激化人车冲突矛盾,增大安全风险,降低商务区品质。商务中心作为主要的人流聚集区,如何实现系统的人车分离,减少机动车交通对人行交通的冲击,实现二者协调发展,同样需要重点关注。

密集高强度的商业、商务开发,导致工作日出现大量停车需求。同时,中央公园、体育公园也是周末及节假日市民集中出行的主要目的地。两种停车需求的体量大、特征差异大,如何协调两者需求,做到停车位供给的互联互通与共享,是地下空间利用需要重点关注的问题。

图 6.10　片区控规路网调整（编者自绘）

5）优质公共空间资源需要整合

项目周边布局中央公园和体育公园，如何将这些重要的优质公共资源和商务核心区进行整合，使其高效连接，将对商务区品质及价值的提升起到至关重要的作用。

6.2.2　制约因素

1）地形挑战

用地南北长约 750 m，东西长约 1 150 m。按照《重庆市主城区两路组团 F、S 标准分区部分区域控制性详细规划修编》的道路竖向设计，项目用地范围内地势起伏变化较大，由西向东逐渐抬高。最高点在东北侧同茂大道与公园西路交会处，高程为331.80 m；最低点在西南侧体育公园河道标高，高程约为 236 m，高差约 95 m，呈现典型的山地城市形态，如图 6.11 所示。巨大的高差是提升商务区各地块间联系性的严峻挑战。

2）工程限制因素

项目场地的工程限制因素较多，包括各种现状或规划地下市政设施，如已运行或规划通车的轨道区间与车站平面、垂直控制关系，现状桥梁、涵洞、水体，以及规划地面构筑物或者城市轴线公园的控制标高等，都对区域交通体系，尤其是地下交通系统的组织产生影响。

3）气候影响

重庆有"长江三大火炉之一"之称，夏天尤为炎热，且全年降雨普遍较多。因此，提供一个舒适宜人的室内步行环境尤为重要。

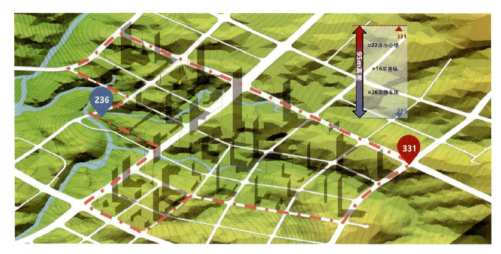

图 6.11　地形高差图（编者自绘）

图 6.12　场地条件现状照片

4) 地块出让

项目范围内地块多已出让,地块权属分属多家地产开发企业。一般来说,相同权属用地会考虑地下商业人行通道联通,推进相对容易;而穿越同权属地块的地下车行系统,由于容易分割地下商业空间,存在较大的协调难度。

6.3　设计愿景与设计手法

6.3.1　设计愿景

贴合节约用地的发展需求,立足"人本、立体、智慧、绿色"的发展理念,服务两江国际商务中心建设,助力打造"领先西部、对标一线"的地下空间综合体。

设计愿景有三点:

一是打造高效、完善、畅通、便捷的区域地下立体交通体系。打造集地下道路直达、轨交两线三站换乘、地面公交便捷接驳、慢行交通全面覆盖的区域立体交通体系。

二是打造联系城市级公共空间和世界级公园的纽带。基于场地地形特色,便捷连接两大公园,构建紧密联系地下步行的城市级公共空间纽带。

三是打造多样化体验的步行体系。充分依托开发地块,构建贯穿地上、地下,衔接公共交通和公共空间,融合文化娱乐和生活服务的步行体系。

以"两江新一层"为设计理念,致力于打造推动商务中心高效率、高质量运作的"动力引擎",使商务中心乃至整个空港新城成为一个最佳绿色中央商务区,一个拥有安全、智能交通环境的商务核心区,一个拥有多元化城市中央公园的商务核心区,一个融合文化、休闲、娱乐的富有活力的商务核心区,一个更鼓励公共交通和步行的商务核心区。

6.3.2　设计手法

1)土地与交通一体化规划设计

以轨道为核,构建四通八达的地上和地面人行系统,拓展轨道交通辐射范围。提升轨道交通服务范围。构建高密路网+混合用地开发建设模式,构筑以轨道站点为中心的 600 m 范围核心步行街区,外围加强公交衔接,进行"6D"导向发展规划设计("6D"即密度 Density、多样性 Diversity、设计 Design、距离 Distance、可及性 Destination Accessibility、差异性 Difference)。

2)客群画像、体验服务

分析片区交通用户特性(包括出行方式选择偏好、出行时段选择等),对出行客群特性进行分析。片区有三类出行客群,分别为商业客群、商务客群和旅游客群,他们对交通设施的服务需求差异性明显,对出行品质整体要求较高。商业客群辐射范围为 5 km,出行偏好依次为轨道、公交、小汽车;商务客群辐射范围为 5~10 km,出行偏好依次为轨道、出租车/网约车、小汽车；旅游客群辐射范围为 10~15 km，出行偏好依次为小汽车、轨道、公交、步行。基于客群出行体验需求，构建多模式的交通系统，提供功能复合的空间体验，打造多层次的出行环境。

3）空间整合、共享共生

在地铁站点、公交站点、居民区、商业区、公共服务区等处提供车辆共享服务，引导共享出行。内部街区可以采用行人与车辆共用的街道形式，打造共享街道。

4）情景分析、仿真评估

采用国际先进的行人及车辆动态仿真软件 VISSIM 建立行人和车辆仿真模型，并利用 AutoTurn 模拟车辆行驶轨迹，为地下交通设计优化、停车库开口位置布置、停车位布局、内外部关键区域（交织段、冲突区等）建模分析等提供微观交通仿真。

6.4　地下空间开发战略

6.4.1　开发体量规模

梳理近年来新建类似商务中心项目的地下空间功能配比，并在此基础上结合重庆市停车配建要求、开发地块相关诉求等，对两江商务中心地下空间总体规模进行评估。经交通论证，地下开发体量建议控制在 150 万 m^2 以内，其中地下商业面积约 20 万 m^2，地下车库面积约 111 万 m^2，预计可提供停车位约 29 000 个。

项目开发体量统计指标如表 6.6 所示。

表 6.6　重庆两江国际商务中心地下空间开发规模

用地总面积		56.8 万 m^2	
地下建筑面积（m^2）（按功能分）	其中	车行道路	39 435
		人行通道	34 534
		商业商务	195 000
		停车库	1 114 595
		轨道交通	9 317
		配套用房	19 349
	合计		1 412 230

续表

地下建筑面积(m²) (按层分)	其中	地下一层	409 585
		地下二层	359 468
		地下三层	359 468
		地下四层	197 231
		地下五层	47 043
		地下道路上层	23 712
		地下道路下层	15 723
	合计		1 412 230
地下建筑面积(m²) (按公共部分及开发 地块部分分)	公共部分		102 081
	开发地块部分		1 310 149
地下车库面积 与停车泊位数	合计	面积(m²)	泊车位(辆)
		1 114 595	28 649

6.4.2　功能布局

基于 TOD 策略,各开发地块地下一、二层结合地铁站点布置商业设施,并整体统筹考虑步行系统衔接,使各地块与周边公共空间之间、地块建筑之间、交通设施之间形成紧密联系,提高站点交通可达性,如图 6.13 所示。地下三层及以下主要布置停车设施。各地块地下建筑布局及标高建议如图 6.14 所示。

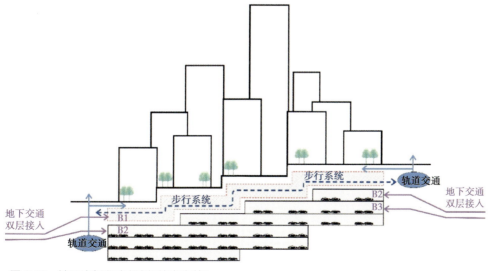

图 6.13　地下空间竖向规划(编者自绘)

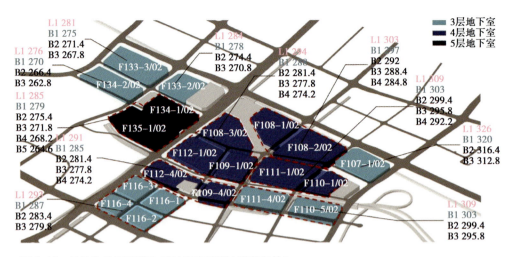

图 6.14 各地块地下建筑布局及标高建议(编者自绘)

6.5 交通规划设计

交通规划的核心任务在于提高整体交通体系的出行能力与可达性,需要区域交通总体布局、内部复合交通总体设计、场地建筑设计三者的有机结合。

6.5.1 交通系统组织

1)圈层组织,快慢分离,多点衔接

①构建交通缓冲区,结合轨道 5 号线、6 号线、9 号线、10 号线、15 号线、23 号线,构建外围远端交通保护圈。利用轨道沿线社会公共停车场规划点位,或者进一步增加绿地点位等手段,在外围设置 6 个 P+R 站点。通过引导站点 P+R 换乘出行,合理地控制进入核心区的机动车规模。

②构建外围远端机动车保护圈,引导过境交通在外围分流,净化内部干道交通功能,保障核心区内部交通的有序运行,如图 6.15 所示。

③增加外围分流通道,优化外围节点形式,增加节点左转交通功能,实现区域分流功能,如图 6.16 所示。

2)单向组织、街区共享

内部局部路段采用单向二分路组织,减少对外部主干路的交通干扰;商务区外围

146

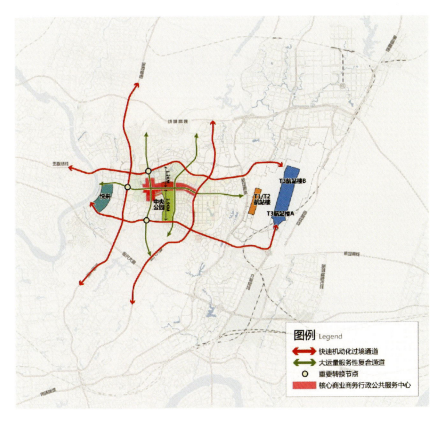

图 6.15　外围过境通道（编者自绘）

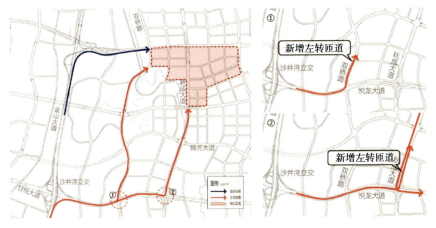

图 6.16　新增外围分流通道（编者自绘）

干道及其交叉口采用信号灯控制，其余均为无信号控制；内部设计共享街道，行人与车辆共用街道，打造以人为本、安全有序、高品质的地面交通系统，如图 6.17 所示。

3）公交拓展、全域覆盖

加密空港新城区内部公共交通线网，提高公共交通线路及站点对人口和岗位的覆

图 6.17　共享街区设计及地面交通整体组织

盖率。如图 6.18 所示,增设 2 条区内公交环线,串联区内商务区、居住区、中央公园、体育公园、轨道 5 号线和 10 号线站点,实现区内主体功能板块和交通设施之间直达直通。线路总长约 13 km,沿线设置 29 个公交站点,实现公交站点 300 m 范围内全覆盖。

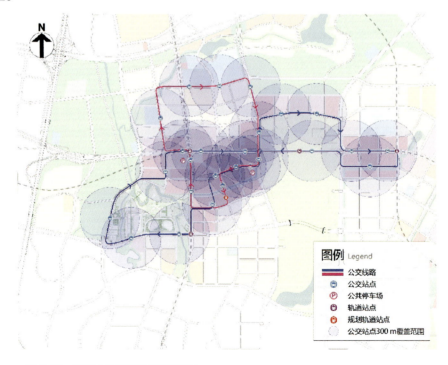

图 6.18　地面公交环线(编者自绘)

4) 内部微枢纽

微枢纽汇集公共交通设施、停车设施、网约车、便民设施等硬件设施,以及信息服务、电子路网、售票系统等软件平台,能实现资源整合及一体化换乘功能,可打造为城市高品质服务一站式窗口。

6.5.2　地下车行系统设计

1) 案例启示

常规的地下道路形式如表6.7所示。通过梳理国内外地下车行系统案例,总结相关经验,项目提出构建地下车行系统方案。地下车行系统选取线型方案,将出入口匝道设置于外围干道交叉口的上游。地下车行系统定位为服务到发交通为主的次干路,可分流地面道路交通压力,提升两江国际商务区地面交通环境和出行品质。

表6.7　地下道路形式对比表

布局形式	环/网型	线型
示意		
功能定位	服务到发交通	服务过境交通/服务快速到发交通
道路等级	支路/车库联络道	主干路/次支路
优势	1.与四周地块多处联系紧密,出行可达性较高。 2.容错性较高,相对方便	1.安全(交通):线型地下道路节点较少,交织冲突少,不易出错,交通安全性相对较高。 2.安全(结构):建筑结构相对简单、安全。 3.效率较高:一般呈直线线型,车行时速相对较高,增加了通行能力,提高了通道效率;线形地下道路出入口较少,交通组织较便捷,缩短了通行距离,不会产生绕行。 4.连接停车场一般较少(即沿线两侧地块停车场接入),运营难度相对较低

续表

布局形式	环/网型	线型
劣势	1.安全:建筑结构复杂,环道和连接道路段、节点以及出入口等交织严重,易出错,存在交通安全隐患。 2.效率:单向交通组织,车辆绕行距离长、运行效率较低,环道和连接道分流能力有限。 3.管理:由于土地地下空间权属规定不清,难以确定由政府还是开发商运营管理,实施单位独立分散、权责不清,管理难度大,易产生纠纷;且停车场管理水平不一,缺乏统一智能管理措施。随着国内政策和管理体系的健全,这一问题正在慢慢解决	1.可达性:一般承担输送过境交通量的功能,与周边地块联系需加强,明确服务功能定位。 2.单向交通组织,车辆存在一定的地面绕行

2)方案构思

(1)线位比选

提出的3种通道方案如图6.19所示,结合城市长远发展及片区交通综合评估,推荐采用中线方案。结合地下建筑与商业开发需求,采用地下道路形式,场地标高需适当抬高,也可保留自然水体。

图6.19 新增东西向通道线位方案(编者自绘)

北线方案(绿线):地面红线宽度不足,仅 18 m,若选择此线位,会与轨道交通 5 号线换乘大厅及出地人行通道冲突。

中线方案(粉线):地面红线宽度不足,仅 18 m,若选择此线位,必须将场地标高适当抬起,以满足地下车行通道的纵坡要求。

南线方案(黄线):对健身中心影响较大。

(2)分层组织

项目的立体交通组织如图 6.20 所示。

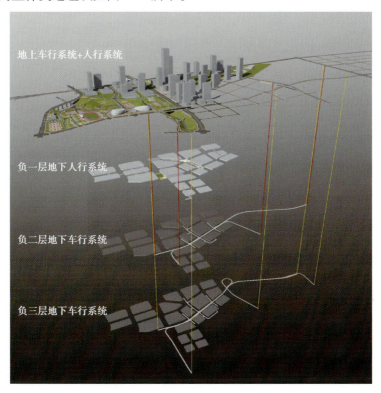

图 6.20　立体交通组织(编者自绘)

①地面层:共享街道,布置接驳公交车站、出租车站、网约车站等设施,并打造微枢纽。

②地下负一层:地下人行系统,联系轨道站点、地下公交站点,商业 B1 层。

③地下负二层:地下车行系统,单方向(自西向东)联系 B2 层停车库。

④地下负三层:地下车行系统,单方向(自东向西)联系 B3 层停车库。

3)组织形式

(1)上下分层组织

地下道路采用线型方案,下穿现状公园西路后,左右线采用双洞隧道形式下穿中央公园,止于公园东路,如图 6.21 所示。地下道路全长约 2.1 km,采用次干路标准设计,设计时速为 30 km/h。全线最大纵坡为 6.2%,车行道净空为 4.5 m,满足核心区超市货运车辆进出及建筑物生活垃圾地下转运的需求。

图 6.21　线型地下道路总平面图(编者自绘)

地下道路上层自西向东行驶,接地下负 2 层车库;下层自东向西行驶,接地下负 3 层车库。联通泊位约 16 000 个,上下两层之间通过车库内部交通转换,到达和驶离安全、有序。

(2)出入口组织:南主北辅、东西协同、外围疏散

在南侧主要流向设置 3 进 2 出的联系匝道,利用公园绿地或控制绿带将进出匝道尽量延伸至南侧远端,在远端疏解;东西方向各设置 1 进 1 出开口;北侧次要流向联系道路网络,满足全方向进出需求,如图 6.22 所示。

图 6.22　线型地下道路进出口交通组织(编者自绘)

地下车行系统扩展至商务区连接区域,使商务区获得最佳集散条件,让城市其他车流受到最小阻碍。

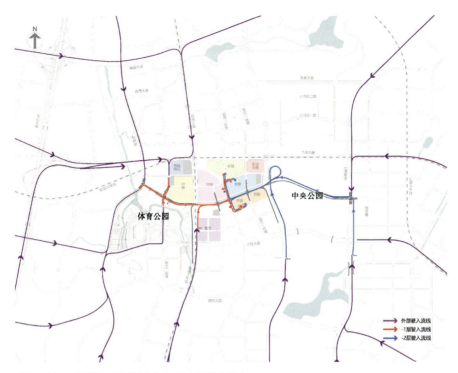

图 6.23 双层地下道路驶入流线（编者自绘）

图 6.24 双层地下道路驶出流线（编者自绘）

（3）与地下建筑的衔接关系

通过地下道路、车库联通道实现各个地块地下交通空间的互联互通。同一层车库与该层联通道的互联互通，以及地下道路上下层之间的衔接，可通过车库内部通道的交通组织实现联系。

（4）智慧管理、安全有序

地下道路采用智能交通诱导及管控设施，地面地下分级、动静诱导结合。内部预留2处红绿灯控制点，协调高峰时间进出车流交织，保障行车安全、有序。

4）效果评估

地下道路有效组织车流进出，地面道路交通压力得到缓解，内部及周边道路高峰小时饱和度降低至0.85以下，关键节点车均延误降低30%，如表6.8和图6.25所示。

表6.8　优化前后路网饱和度对比

道路名称	城市设计路网		优化路网饱和度（加入地下道路后）		交叉口	城市设计路网		优化路网饱和度（加入地下道路后）	
	叠加项目后流量（pcu/h）	饱和度	叠加项目后流量（pcu/h）	饱和度		延误（s）	服务水平	延误（s）	服务水平
同茂大道	6 588	1.05	5 270	0.84	同茂大道/秋成大道	117	F	51	D
兰桂大道	6 664	1.06	5 354	0.85	同茂大道/公园西路	110	F	49	D
秋成大道	5 248	0.83	5 058	0.80	同茂大道/公园东路	86	F	54	D
公园西路	3 361	0.61	4 518	0.82	兰桂大道/秋成大道	84	F	43	D
公园东路	5 457	0.75	5 675	0.78	兰桂大道/公园西路	121	F	63	E
青冈溪路	1 094	0.78	1 052	0.75	兰桂大道/公园东路	123	F	56	E
西城路	1 163	0.83	1 135	0.81					

注：此优化效果为包括公交及轨道提升后的总体实施效果。

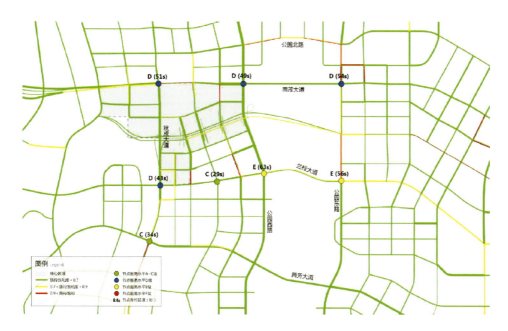

图 6.25　优化路网 2030 年高峰小时饱和度（加入地下道路后）（编者自绘）

6.5.3　步行系统设计

1）案例启示

总结全球经典的地下步行系统案例，可以简单汇总为"直连模式""串联模式"以及"并联模式"。"直连模式"即利用市政道路或公共空间下方形成地下步行道。"串联模式"即步行系统穿越地块，利用开发地块内的流线通道形成步行系统。它相比于"直连模式"，减少了公共财政的投入，更为经济。"并联模式"即在"串联模式"的基础上通过形成各地块内步行流线的交汇点来组织步行交通，相比于"串联模式"，其流线组织更为灵活。

2）平面布局

项目结合国内外优秀案例，采取三种模式相互结合的方式，以便更为合理地组织公共部分和开发地块内部地下步行通道的关系。

规划框架的核心首先是将区域内各轨道交通站点、公交枢纽、体育公园和中央公园通过地面和地下步行系统相互联系起来，形成一个长约 2.4 km 的"主干步行网络"，24 h 开放，使开发地块、交通设施和重要的公共空间之间可以方便地步行抵达。在此基础之上，将区域内各地块的地下空间相互连通，并且结合地块内部动线有机地连接到地下"主干步行网络"上，形成"次干及毛细步行网络"，从而使得区域内形成一个全面覆盖、总长约 6.2 km 的步行系统,如图 6.26 所示。规划方案可以让商务区内的人流在地下完成跨地块的穿越,避免与地面交通发生交叉,更为便捷地抵达地块建筑及交通设施,同时也为步行人群提供一个舒适且多元化体验的室内步行环境。

图 6.26 地下步行系统总平面图(编者自绘)

3)轨道站点衔接

轨道站点衔接方案除优化换乘系统外,还注重秉承 TOD 的设计理念,在设计中重点考虑车站与地面集散广场、公交站场的衔接,以及与地下步行系统的整合。

综合考虑两站设站情况及预留条件,两站采用通道单向换乘。10 号线换乘 5 号线乘客,通过 10 号线站台两端预留的下行楼扶梯组换乘至 5 号线站台层北端;5 号线换乘 10 号线乘客,通过 5 号线站厅西侧外接 10 m 宽换乘通道换乘至 10 号线站厅公共区西南角预留的换乘大厅接口处。

6.6 项目总结

本项目从分析土地开发与交通承载力协调关系出发,致力于提高场地立体空间利用及整体交通体系的出行能力与可达性,从"区域交通总体布局、内部复合交通总体设计、场地建筑立体空间开发"三位一体的角度,系统地、整体地、立体地解决地块高强度大体量开发引发的交通需求问题。

　　关于地下车行系统规划设计,在项目实践之余,项目组还总结了地下车行系统的规划设计流程和地下车行系统方案的综合评估指标体系,同时形成了多项设计经验,简单归纳如下:

　　一是地下道路工程规模较大,前期需要充分论证其必要性。

　　二是抓住主要交通需求流向构思地下道路组织方案,结合制约因素逐步进行梳理优化。

　　三是整体方案因受限因素较多,最终方案是结合实际的最优方案,而不是理论最优。

　　四是地下道路结构复杂,涉及权属用地的地下空间开发,规划控制要求需要列入规划条件函,以保证后期有条件实施。

第7章 重庆璧山六旗TOD新城土地交通一体化概念性规划

TOD是以公共交通为导向的城市用地开发模式。因有利于促进城市土地的综合利用以及可持续发展,TOD开发模式逐渐被城市建设者所接受。相较于旧城改造,在新区建设中更容易实现TOD模式发展。完整的TOD新城规划设计需要城市规划、城市设计、交通规划、产业规划等多专业协同。璧山六旗片区,占地面积约$9~km^2$,规划有四轨两铁交通资源,十分有利于进行TOD模式的规划实践。

7.1 项目概述

借助市域轨道建设和城市轨道交通通车的优势,重庆璧山六旗片区以TOD发展为理念,以区域公共交通系统规划为引领,引导产业发展,完善城市功能布局,以此提升城市能级,增强区域竞争力,带动片区发展。

7.1.1 交通规划

区域内部规划形成以市域轨道及城市轨道站点为核心的TOD交通组织模式,以站点TOD发展支撑城市北部新区建设,集聚城市核心功能。规划形成以云巴环线为骨架、地面公共交通系统为补充的多层次公共交通体系,提高内部公交服务水平;规划友好舒适的慢行网络,并与公交系统相互协调发展;通过优化内部路网,提高路网密度,为创造宜人的公共空间和慢行环境提供条件;合理布局公共停车场,与公交站点形成交通换乘微枢纽,引导小汽车合理使用。

7.1.2　产业策划

以轨道交通为区域人流导入动脉,以 TOD 站点为核心发展产业聚集区,通过人口的导入和产业的植入,带动区域"人-城-产"一体化发展。围绕轨道交通布局,规划形成以文旅和健康为核心的产业链,构建"两中心、双驱动、六组团"产业空间布局。

7.1.3　城市规划

围绕轨道交通布局形成"一环两带、有机聚合"的空间结构,通过公共交通提升片区交通承载力;合理安排地块容积率,形成以 TOD 地块为中心高强度开发、圈层层级递减的开发模式;借助山水资源条件形成"一带三脉"的风貌空间,构建"六线五点、望山看水"的视线通廊,打造舒适宜人、协同发展的城市风貌。

7.1.4　站点设计

采取站点周边容积转移策略,将可提升的开发体量转移到相关可开发用地上,实现轨道站点周边 TOD 开发;通过设置独立的立体化步行系统,建立枢纽与两侧城市功能区、主要地块的无缝衔接,促进各地块功能联动、人流汇集,带动区域价值提升。

7.2　以一区谋全域

7.2.1　成渝双城一体化,高铁互通

2020 年 10 月 16 日,中共中央政治局召开会议,审议《成渝地区双城经济圈建设规划纲要》,提出要突出重庆、成都两个中心城市的协同带动,注重体现区域优势和特色,使成渝地区成为具有全国影响力的重要经济中心、科技创新中心、改革开放新高地、高品质生活宜居地,打造带动全国高质量发展的重要增长极和新的动力源。

璧山作为重庆向西发展的桥头堡与门户区,以及重庆主城同城化发展先行区,具有优越的地理位置。为缩短"双城"间时空距离,实现 1 小时内通达目标,成渝中线高铁被提上日程。根据当时相关规划,成渝中线高铁经过璧山境内,并将在六旗片区内

设站(注:本规划研究完稿后高铁成渝中线规划线位进行了调整,取消了在璧山境内设站。)

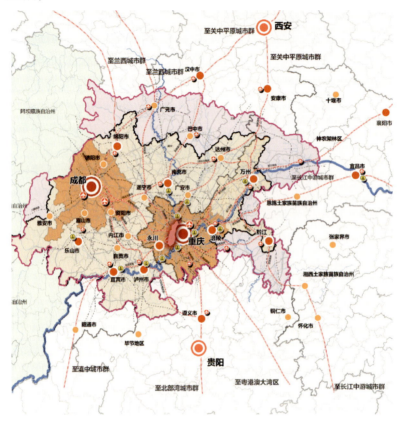

璧山是"一区两群"的重要支点、成渝城市群一体化发展的重要联结点

图 7.1 成渝双城经济圈交通网络规划图

7.2.2 主城西进一体化,轨道入区

2015 年 10 月 16 日,重庆市印发《重庆市人民政府关于重庆大都市区规划的批复》(渝府〔2015〕50 号),批复同意《重庆大都市区规划》。规划指出,江津—合川—璧山板块重点实现与主城区的融合发展,承接主城区外溢的区域性服务、物流及科教研发功能,并布局国家级产业开发平台,发展电子配套、汽车零部件、机械装备等产业。

重庆向西拓展,位于西部槽谷的璧山区有着承接主城扩张、产业转移的先天优势,是承接重庆大都市功能疏解和人口梯度转移的重点区域,区域价值将大幅升级。

随着重庆轨道交通 1 号线延伸至璧山区,璧山区成为第一个轨道交通入区的主城周边区县城市。璧山区与铜梁区的城际轨道线也将进入建设阶段,城际轨道将与已开通的轨道交通 1 号线在璧山站实现换乘,并与远期规划的城轨快线 27 号线实现连接,在六旗片区内形成多轨衔接的换乘中心。

7.2.3　城区南北一体化，云巴串联

2015 年，璧山成为重庆第二个国家级高新区，目前区内已经初步形成以智能装备、信息技术、生命健康等三大主导产业为代表的产业集群。在"同城一体、轴网并举、全域共进、全域发展"的发展要求下，需要以区域视角重新组织全域空间结构，强化中心城区、大路、丁家三条发展廊道上的资源聚集，提高产业发展能级，将璧山打造成为网络型、一体化的区域特色功能节点，实现中部集聚发展片区、北部优化发展片区、南部预控发展片区的三协同发展。

璧山是一个带状城市，为推动城区南北一体化发展，现已建成全球首条有轨交通"云巴"项目。"云巴"线路起点位于璧山高铁站，终点位于重庆轨道 1 号线璧山站。线路正线全长 15.4 km，设车站 15 座，途经城市众多节点，项目建成后将形成串联璧山南北城区的城市公共交通走廊，并成为引领城乡一体化发展的重要经济走廊。

而六旗片区东西紧邻璧青路、黛山大道，紧密衔接渝蓉高速、渝遂高速，随着轨道交通建设推进，以及"云巴"通车的影响，六旗片区未来将有条件形成璧山联通主城的首站门户和交通枢纽。

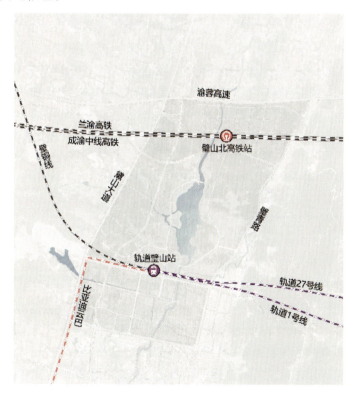

图 7.2　六旗片区内部交通资源图

7.3 一体化规划对策

7.3.1 以 TOD 理念为原则，交通土地一体化发展

可充分利用六旗片区优越的轨道交通条件,在城市规划和交通规划上充分体现TOD 理念,实现片区交通与土地一体化发展。围绕 TOD 规划的特点,以轨道交通为区域人流导入动脉,以 TOD 站点为核心发展产业聚集区,通过人口的导入和产业的植入带动整体新城的发展,形成"人-城-产"的一体化良性互动,从而在总体上形成交通拉动、产业落位、土地升值、人口集聚的 TOD 新城开发模式。

　　●土地集约开发。TOD 模式强调对土地的综合利用和集约开发。以站点为核心,按照土地经济价值形成中心商业区、办公区、外围居住区的类"同心圆结构",促进城市轨道交通站点附近区域土地一体化开发,形成"高效紧凑化"的城市用地开发建设模式。

　　●土地混合多样。TOD 模式强调多功能的空间交互,强调"以人为中心"的设计理念,追求多功能的设计和设施的高效利用,以满足人们对生活品质和环境多元化、多样性的追求,但不强求"小而全"的赘余。

　　●交通高效可达。建立完善的公交系统,提高公交覆盖率与服务水平,鼓励人们选择乘坐公共交通工具,鼓励选择非机动化出行或者步行出行,实现公共空间、良好环境、高效可达的相互塑造。

7.3.2 全方位多层次规划，专业协同一体化

为了形成更加系统的方案,需要综合运用交通规划、产业策划、城市规划、道路工程、轨道工程、建筑设计、景观设计、产业经济等多专业、多维度的研究方法,从不同的角度进行目标剖析,形成多层次的工作任务目标构架,不同专业相互补充、相互支撑,从而得到目标统一、内容多维的规划成果,促进规划方案的落地。

　　规划工作包含四个核心专业,分别为交通规划、城市设计、产业策划、建筑设计。前三者先对片区规划体系进行构建,在此基础上,建筑专业参与站前片区 TOD 地块建筑设计。交通规划、城市设计、产业策划三个专业应协同统筹、同步推进、相互支撑。

　　本规划的研究路线是以轨道交通规划为主干,围绕轨道交通规划进行城市设计与

产业策划。首先,对轨道交通流量进行预测,判断整个片区的城市量级,在此基础上设定总体产业定位及片区总体开发强度。其次,根据城市空间条件,构建片区公共交通廊道,并据此布局产业发展轴,形成城市空间拓展结构。最后,根据空间自然条件和站点间距等技术要求,规划公共交通站点,据此在站点周边布局重点产业,片区土地开发强度也向站点集中,形成以站点为中心、向周边梯度递减的开发强度布局。

交通体系方面,围绕轨道站点建立配套的地面公共交通系统和慢行交通系统,以形成便捷、高效的公交系统和友好舒适的慢行系统,并且围绕轨道站点规划集合不同交通方式的综合换乘点。产业策划方面,完善产品规划,并在城市空间上进行产业落位。城市设计方面,进行城市景观、视线通廊、开发空间的设计,并进行建筑群体的控制。站点建筑设计方面,根据 TOD 的理念,优化土地与产业布局,优化交通衔接换乘组织,根据片区开发体量与产业功能对建筑空间的形象要求进行设计,最后完成物业开发投资估算和社会经济效益分析,保证项目可落地性和可持续性。

项目整体工作框架如图 7.3 所示。

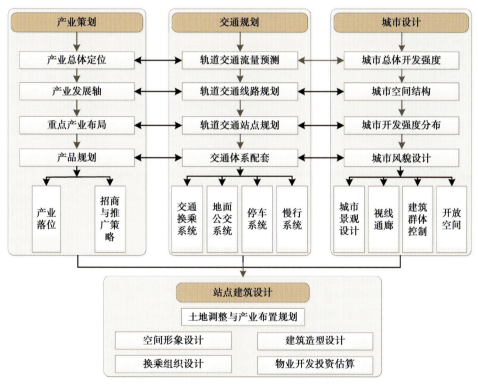

图 7.3　专业协作工作框架

下文将以公共交通规划为线索,分成四步阐述一体化规划的过程。

7.4 以公共交通为引领的一体化规划

7.4.1 以轨道交通流量定格局

轨道站点及高铁北站的引入,使得客流能方便地通过大运量交通方式快速到达项目片区。这部分客流量将决定未来片区的繁荣程度,客流量越大,越能支撑更大的开发体量,而离站点越近,越能享受到公共交通站点输入的客流所带来的土地价值的提升。因此,可以通过分析高铁和轨道串联的区域所带来的客流属性和量级大小,来设定总体产业定位和确定城市总体开发强度。

1) 双枢纽站点联系

规划的高铁成渝中线经重庆璧山区、铜梁区、大足区,进入四川省安岳县、乐至县、简阳市,再连接成都;兰渝高铁经重庆、南充、广元、陇南,到达兰州。璧山境内兰渝高铁与成渝中线并行,并在六旗片区北部设璧山北站。轨道站点主要服务重庆主城、铜梁方向以及璧山本地的客流。高铁北站规划年日均客流量约7 770人次,轨道站规划年日均客流量约4.6万人次,轨道站点的客流量级远远大于高铁北站,未来城市核心功能区更向轨道站点区域集中。

高铁北站和轨道站点之间的纯客流交换量相对较弱,需要通过产业空间布设及公共交通的组织来加强双枢纽之间的联系,增加片区整体活力。

表7.1 规划年双枢纽轨道客流起讫表 单位:人次/天

	轨道璧山站	璧山高铁北站	璧山城区	六旗乐园	六旗组团	大学城	主城	铜梁	成渝中线(成都方向)	兰渝高铁(遂宁方向)
轨道璧山站	—	2 015	34 261	5 357	4 031	19 084	22 570	4 011	—	—
璧山高铁北站	214	—	3 643	3 484	429	—	4 208	—	2 767	795

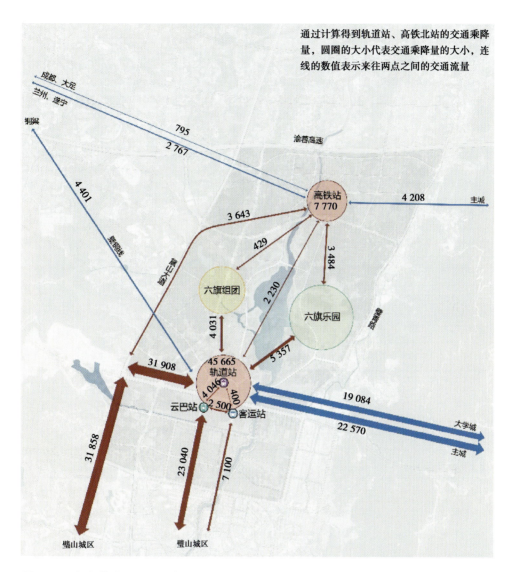

图 7.4　双枢纽轨道规划年客流量预测

2) 站点内部各交通方式交换量预测

不同轨道站点与高铁站点之间的交通换乘涉及多种交通衔接方式,单个站点内部也涉及多种交通方式的换乘,各交通方式交换量将决定配套交通设施规模与空间布局,也会影响站点片区的城市设计。

通过对站点客流 OD 的预测分析,轨道站点与地面公交的换乘量较大,在人行流线设计时需要重点考虑;另外,轨道站点与云巴系统的换乘人行流线也需重点考虑。

表 7.2　远期轨道站换乘 OD　　　　　　　　　　　　单位:人次/天

OD	1 号线	27 号线	璧铜线	云巴 1	长途客运	地面公交	云巴 2	小汽车	出租车	合计
1 号线	—	—	1 397	1 632	158	4 547	1 197	1 693	521	11 145
27 号线	—	—	2 095	1 391	193	3 551	935	1 322	407	9 894
璧铜线	1 397	2 095	—	1 700	250	780	205	290	89	6 806
云巴 1	1 632	1 391	1 700	—	1 870	2 040	2 210	680	—	11 522
长途客运	158	193	250	1 870	—	1 650	1 000	450	200	5 770
地面公交	4 547	3 551	780	2 040	1 650	—	—	—	—	12 568
云巴 2	1 197	935	205	2 210	1 000	—	—	—	—	5 547
小汽车	1 693	1 322	290	680	450	—	—	—	—	4 435
出租车	521	407	89	—	200	—	—	—	—	1 218
合计	11 145	9 894	6 806	11 522	5 770	12 568	5 547	4 435	1 218	—

表 7.3　远期高铁站客流交换量　　　　　　　　　　　单位:人次/天

	高铁	地面公交	云巴 2	小汽车	出租车	合计
高铁	—	3 293	2 153	1 621	703	7 770

　　通过流量预测可以看到,高铁站和轨道站日客流量分别为 7 770 人次/天和 45 665 人次/天,总体流量不高,主要目的行程时间也不超过 1 h,无法支撑普通消费服务型产业,也不适合发展普通生产型产业,需要引入吸引力较强的带动型产业。

　　高铁站和轨道站的总体客流量不大,开发总量应根据客流量规模进行匹配。考虑到轨道站的客流预测值远大于高铁站的客流预测值,轨道站周边可适当提高其开发强度。

　　根据高铁站和轨道站的客流预测结果,初步确定了以轨道站点作为区域核心,以高铁站点作为城市次级中心,以站间联系的交通系统作为区域城市骨架的城市空间格局。

7.4.2　以轨道交通线路定形态

　　由于云巴线路未覆盖本项目中六旗大道以北区域,且轨道交通 1 号线为高架线,云巴线路无法通过上跨或者下穿的方式穿越轨道 1 号线,导致包含高铁站点片区在内的主要规划区无法与轨道交通 1 号线南侧云巴站相连。因此,需要在轨道交通 1 号线北侧规划区内构建独立的骨干公交线路。从道路空间资源、运量运能对比、建设管理成本、规模效应等方面考虑,选取云巴作为片区内部轨道交通。考虑轨道站点600 m 的服务半径,为保障轨道站点对片区的全覆盖,通过线位比选,最终选择围绕玉泉湖形成一条轨道环线,沿环湖路东线、东林大道附近布线,总长度约 6 km。

　　根据云巴线位及站点布置,统筹结合城市空间形态与产业发展,围绕区域中部的玉泉湖,在南北长 2 km 的空间尺度内构建联系轨道枢纽与高铁站点的西侧产业发展轴带,以便捷的交通优势带动周边地块发展;结合玉泉湖的自然优势,与产业发展轴带共同打造片区公共中心,加强产业轴带的辐射能力;依托六旗乐园与玉泉湖的休闲娱乐特性,打造联系南北枢纽的东侧主题乐园观光轴带;利用打鼓塘水库与玉泉湖的水体联系,构建串联自然空间、公共中心与乐园的生态廊道。

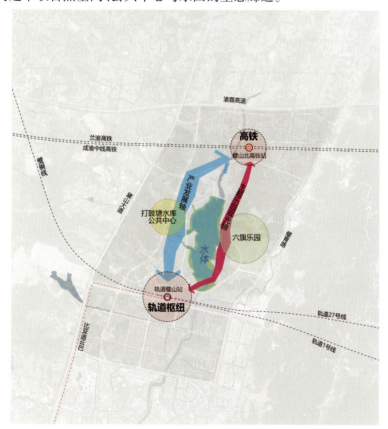

图 7.5　公共交通骨架构架示意图

　　产业策划上,沿着轨道线路规划两条发展轴线:一条为东侧的主题乐园观光轴,主要发展文化旅游产业;另一条为西侧的健康产业发展轴,主要发展运动、健康、休闲等健康产业。

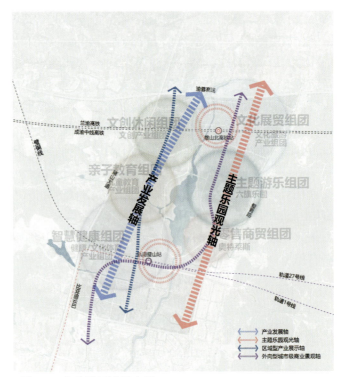

图 7.6　产业发展轴示意图

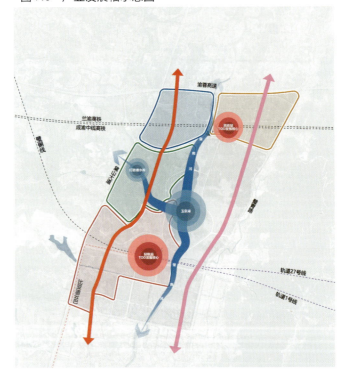

图 7.7　空间结构示意图

城市设计上,形成"一环两带、有机聚合"的空间结构。规划强调"东接南连"沿河发展,结合轨道站、高铁站形成 TOD 发展核心,以璧南河、玉泉湖、打鼓塘水库结合文旅、健康产业,形成滨水商业区。规划采用有机聚合的布局模式,以水为脉,融合景观廊道构建设生态网络。各片区聚集发展,并通过山水慢行绿道,强化各片区联系,形成轨道 TOD 核心功能区、打鼓塘水库生活区、山体公园生活区和高铁站商贸片区。

7.4.3　以轨道交通站点定核心

综合考虑片区内部交通需求,分别于高铁北站、区域门户(社区 1 站)、片区主体功能区(社区 2 站)、轨道站点、六旗乐园及其停车场设置云巴站点,共计 6 处。根据站点布局,将片区分为 6 个主要的功能板块。

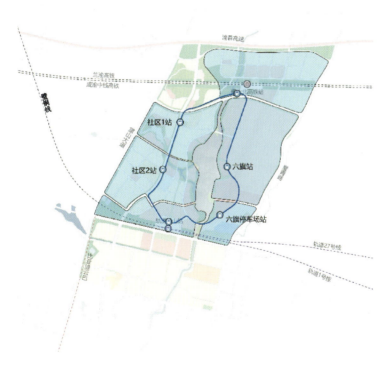

图 7.8　轨道交通线路布局图

根据产业规划"两中心、双驱动、六组团"的空间结构,构建城际高铁 TOD 枢纽 + 城市 TOD 换乘综合枢纽两大中心;以轨道线路为轴,构建以六旗乐园为代表的主题文旅产业 + 大健康产业驱动引擎;以轨道站点为核,构建智慧健康组团、文化展贸组团、文创休闲组团、亲子教育组团、六旗主题乐园和零售商贸组团六大产业组团。双心引领,双轮驱动,多点布局,培育和促进片区产业的健康快速发展。

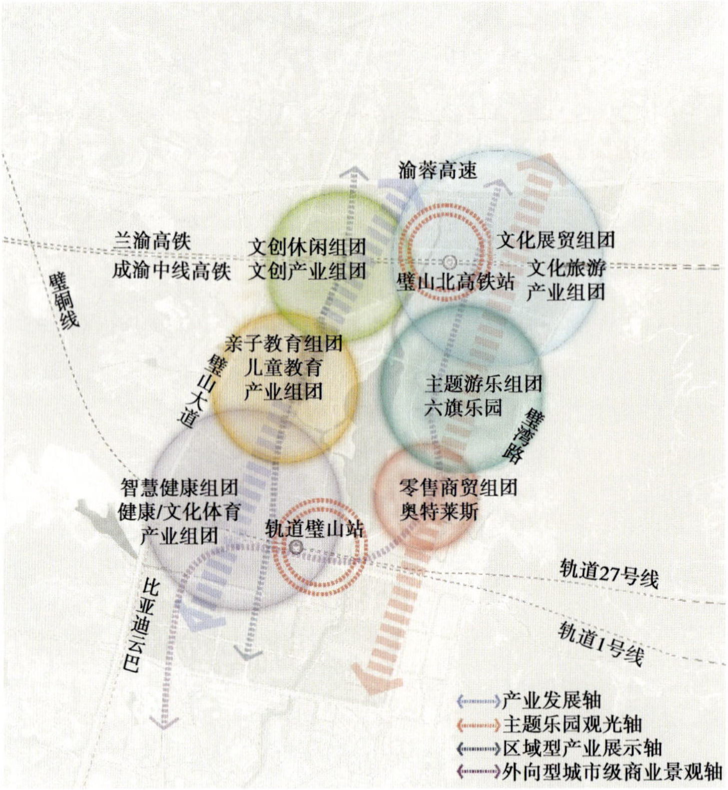

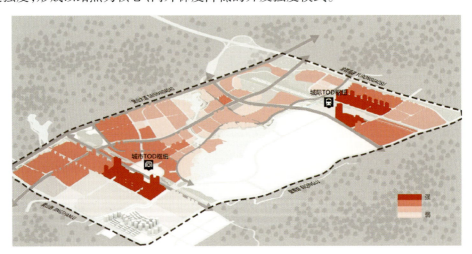

图 7.9　重点产业布局图

　　围绕轨道交通站点的布局,通过公共交通提升片区交通承载力,提高站点区域开发强度,形成以站点为核心、向外梯度降低的开发强度模式。

图 7.10　土地开发强度分布图

图 7.11　城市开发强度分布图

图 7.12　商业商务用地布局图

7.4.4 以轨道交通配套定体系

1）路网规划

根据重构的城市空间结构,以 TOD 理念为指引,调整片区内部部分道路网络,建立"小街区,密路网"的路网结构。

为了给高铁周边地块提供道路资源,新增东西向沿高铁线路北侧的支路和南北向次干路各一条,增强该区域的对外交通通达性;由于轨道站点 TOD 开发带来客流叠加,新增直接连接轨道站点与黛山大道的次干路;原轨道站点北侧次干路道路等级降为支路;高铁线路北侧 TOD 开发区域中,沿璧南河东岸布设滨河支路,其东侧以 200 m 的小街区尺度布设次干路网;北部干道与六旗大道之间的城市功能中心区域,为减少支路网对黛山大道的交通影响,保留与黛山大道平行的上跨支路,并结合打鼓塘水库边界,以小街区尺度布设次干路网,为 TOD 高密度开发提供较好的地块连通性。

调整后,路网密度从 5.31 km/km^2 提升至 6.52 km/km^2。

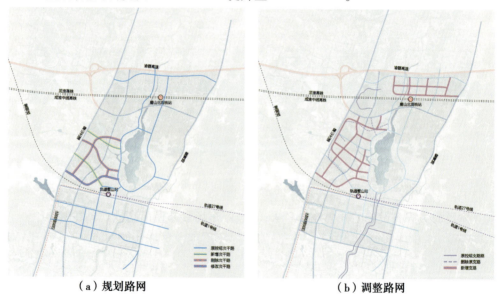

（a）规划路网　　　　　　　　　　　　　　（b）调整路网

图 7.13　路网修改方案图

2）公共交通系统规划

按照常规公交与高铁、轨道交通无缝换乘,提高公交服务覆盖的基本原则,规划布置综合枢纽站、换乘枢纽站、公交停泊场与首末站,共计 4 处。①号场站位于轨道 TOD 站点附近,服务于轨道枢纽站,实现轨道与地面公交的快速转运,设置 2 条环线、3 条连接线;②号场站位于高铁站点附近,服务于高铁北站,实现高铁与地面公交的快速转运,设置 5 条连接线;③号场站位于东林大道与北部干道交叉口东南侧,服务于高铁线以南、六旗大道以北片区社区居民,满足其日常公交出行需求,设置 1 条环线、3 条连接线;④号场站位于高铁线路以北、璧南河以西,主要服务于高铁线以北片区社区居民,满足其日常公交出行需求,并为高速北侧远景城市空间拓展提供交通预留衔接服务,设置 4 条连接线。

公交站半径为 300 m,覆盖率为 85%;公交站半径为 500 m,覆盖率为 96%。

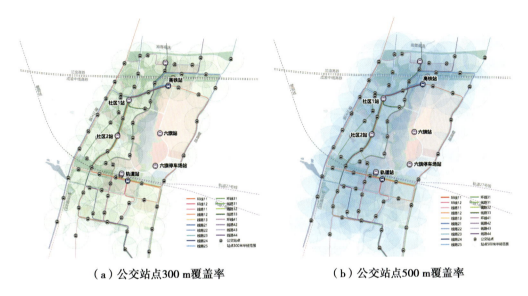

（a）公交站点300 m覆盖率　　　　　（b）公交站点500 m覆盖率

图 7.14　地面公交系统线路布局与站点覆盖率

3)停车系统规划

根据片区功能结构及停车需求布局 7 个停车场。①、②号停车场结合广场用地设置地下社会公共停车场,占地面积分别为 3.11 公顷、6.79 公顷,主要服务于城市 TOD 综合体及周边服务设施的社会停车需求;③号停车场紧邻璧山高铁北站,占地面积约 1 公顷,主要服务于高铁站 TOD 综合体的社会停车需求;④、⑤号停车场主要服务于社区商业、社区公共服务设施等,占地面积分别为 0.34 公顷、0.43 公顷;⑥号停车场紧邻千佛寺公园,主要服务于公园游玩停车需求,占地面积约 0.74 公顷;⑤、⑥号停车场在六旗乐园旅游高峰时期可以截流部分去往六旗乐园的车流,缓解北部干道的通行压力。①、②、③、⑤、⑦号停车场可结合云巴站点和公交首末站形成一个小型换乘中心。

4)慢行系统规划

结合片区地形、自然景观,以打塘鼓水库及玉泉湖两大水域的滨水界面为基底,构建"一横一纵"滨水绿道,并设置城市功能驿站、水域空间驿站和交通接驳驿站。基于高铁线南北两侧防护绿廊、渝蓉高速防护绿廊、一号线轨道绿廊、打鼓塘水库绿带等横向 5 条绿廊,以及城市中轴、玉泉湖东轴、生活区南轴等纵向 3 条绿道轴线,构建"五横

图 7.15 停车场规划布局

三纵"的绿地绿道,并设置山林绿地驿站和交通接驳驿站。

通过道路断面再分配,适当增加人行道的宽度,设计独立的慢行道系统,并在交叉口进行宁静化处理,优化人行空间。根据滨水步道与绿地绿道的布设,结合道路布局与地形条件,采用天桥、地通道等多种立体过街方式对道路两侧的步行设施进行连接,构建完善的慢行系统。

5)各种交通方式的衔接

为保障片区中各种交通方式的高效衔接,构建以轨道交通站点为核心的换乘系统,从以人为本的角度,保障步行、非机动车的高品质空间,对步行接驳设施、非机动车接驳设施、公交接驳设施、出租车接驳设施和小汽车停车换乘衔接设施进行统一组织。

6)城市风貌设计

片区的开放空间可以概括为"一带三脉"。"一带"即璧南河及玉泉湖的滨水景观

图 7.16　慢行系统规划

图 7.17　各种交通方式的衔接

带;"三脉"是指依托山体公园和高铁防护绿带的北部文化魅力型开放空间、依托打鼓塘水库的中部公共活力型开放空间和依托轨道防护绿带的南部运动健康型开放空间。

图 7.18　城市开发空间设计

为强化缙云山、璧南河的山水资源利用,提升望山看水的通透性,控制 6 条视线通廊,最大程度地提升山水资源的连通。视线通廊分别设置在南北两侧轨道、高铁防护绿带内,北部山体公园与打鼓塘水库之间,以及文化商业地块内,设置可观湖看河的视线通廊。同时,预留 5 个眺望点,包括北部山地公园 1 个山顶眺望点、TOD 超高层及半岛酒店 2 个建筑眺望点、玉泉湖 2 个滨水眺望点。

充分利用河湖水系和自然山体,建设城市公共绿地和生产防护绿地,使城市绿地与风景区、郊野田园融会贯通,形成自然和谐的生态城市风貌,塑造基地山水城林融一体的城市特色。

7)产业具体落位

(1)智慧健康组团

依托 TOD 交通枢纽的区位优势,吸纳高端康养服务人才,完善医疗服务配套,以

图 7.19　城市视线通廊设计

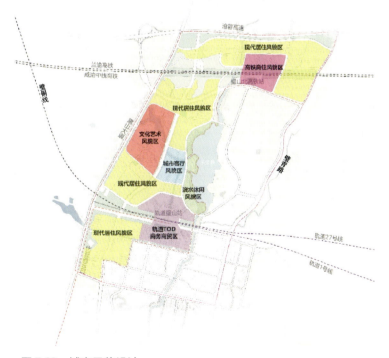

图 7.20　城市风貌设计

医疗服务为核心驱动,延展大健康产业商业服务,打造集运动、康养、休闲、商业服务等于一体的璧山国际健康新中心。

策划项目包括开放式体育商业街区、大健康产业楼宇、大健康主题商业体验中心、户外网球场、天台足球场、高温瑜伽/SPA 体验馆、月子中心/产后康复中心、武术学院、户外攀岩体验馆、天际恒温泳池、产业人才社群服务空间、精品酒店等。

(2)文化展贸组团

文化展贸组团定位为 TOD 丝路驿站,该组团以"TOD+文化旅游展贸产业"为切入点,发展集文化交流、展贸、演艺、文旅体验、文化微会展等为一体的文化旅游产业,构建璧山文化之窗,创建渝西文旅新中心。

策划项目包括"一带一路"沿线国家主题酒店、商务酒店、国际人才交流中心、文创孵化基地、"一带一路"国际文化城、丝路文化体验馆集群、文化主题商业街、巴蜀美食体验街区等。

(3)亲子教育组团

亲子教育组团以国际新锐教育为发展理念,引入较大体量的儿童亲子业态,打造全业态的亲子体验基地,放大亲子培训教育业态,使之成为该区域的人流导入引擎和推动器。同时,吸纳高端教育精英,对接国际教育资源,引入先进教育理念,打造集艺术培训、K12 教育、成人教育、海外教育、户外研学等于一体的国际人才教育中心。

策划项目包括四点半学堂、璧山私塾、户外研学营地、青少年俱乐部、培训学校、封闭式培训学堂、艺术预科学院、海外教育咨询、天空亲子农场、高端私立幼儿园等。

(4)文创休闲组团

文创休闲组团以文创产业为切入点,结合休闲旅游业态,让艺术平民化、生活化,打造文化创意艺术体验新空间。

策划项目包括休闲驿站、艺展空间、网红民宿酒店、文创集市、水上图书馆、渔家乐居、户外演艺中心等。

7.4.5　城市轨道 TOD 站点设计

TOD 设计面临多项实际条件制约,包括:1 号线璧山站、轨道站南北广场地下车库正在施工;长途客运站用地已经出让并进行了方案设计;北侧居住地块也已出让,部分地块已建成;六旗大道以及轨道线路将区域南北两侧进行了分割。

站点周边 TOD 开发将爆发大量人流,所需功能应高强度、集约化打造。但由于建设时序,车站周边多处用地无法使用或无法进行高强度开发。故项目采取容积转移策略,将可提升的开发体量转移到汽车站上盖及东西侧两块用地上。

图 7.21　产业具体落位图

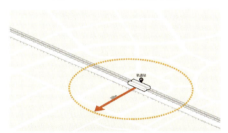

设计范围：以轨道站为核心、半径500 m划定
TOD范围，是理论上最舒适的生活半径圈

（a）设计范围示意

现状条件——轨道1号线：1号线璧山站正在
施工

（b）现状轨道1号线示意

现状条件——南北广场：轨道站南北广场地下
车库已施工

（c）现状南北广场示意

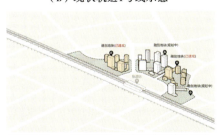

现状条件——居住地块：北侧居住地块已出让，
部分地块已建成，适用地块减少。

（d）现状北侧居住地块示意

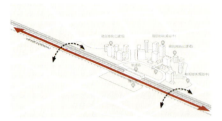

现状条件——六旗大道：六旗大道以及轨道线路分割区域南北两侧，两侧地块的资源整合受到限制，对地块功能布局提出了挑战

（e）现状六旗大道示意

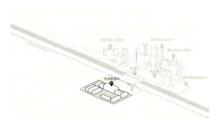

现状条件——原长途客运站：长途客运站用地已出让，并进行了方案设计，对TOD站点设计造成了较大的设计影响

（f）现状长途客运站示意

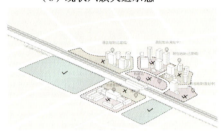

现状条件——用地条件：TOD所需功能应高度集约化打造。但由于建设时序无法协同，车站周边多处用地无法使用或无法进行高强度开发

（g）现状用地出让示意

容积转移：采取容积转移策略，将可提升的开发体量转移到汽车站上盖及东西侧两块用地上，未建居住用地的容积率也可做适当提升

（h）容积率转移策略

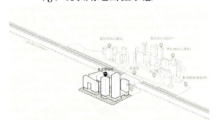

汽车站上盖开发：为实现TOD高强度开发，需对汽车站进行上盖开发

（i）汽车站上盖物业开发示意

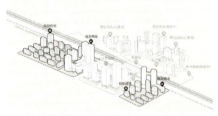

汽车站两侧地块开发：汽车站西侧地块调整为商业用地+居住用地；汽车站东侧地块调整为商混用地

（j）汽车站两侧地块开发示意

轨道站北广场上盖：轨道站北广场地下车库正在施工，由于结构强度预留等限制因素，考虑北广场适量上盖

（k）轨道站北广场上盖物业开发示意

空中连廊和区域连接：设置北侧空中连廊，建立和六旗乐园及北侧居住地块商业的无缝连接，提高区域价值

（l）空中连廊和区域衔接示意

图7.22　TOD方案生成图

图 7.23　轨道 TOD 站点设计效果图

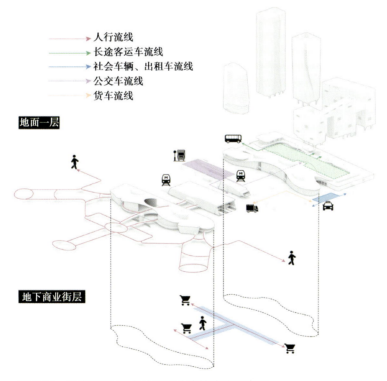

图 7.24　轨道 TOD 站点片区南北连接流线示意图

六旗大道南北侧交通设施通过地下通廊连接,通廊连接地下生态商业步行街。地下商业步行街结合采光中庭、地下生态系统、智能照明系统,创造出一个异常活跃、有品质的步行空间。轨道站北侧广场设计空中连廊系统,将分散的商业、公共服务设施以及城市公共空间连接成网络,有助于将人流引入地块的商业片区,实现整个商圈的资源协调联动。

轨道站、胶轮有轨电车、公交车首发站、客运站、出租车落客区、社会车辆落客区等不同的交通设施之间,用地下通廊、地上广场等连接成一个整体。

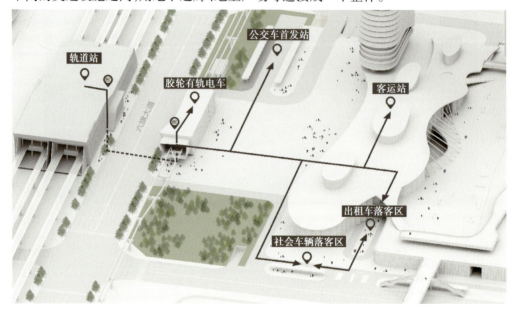

图 7.25 轨道 TOD 站点片区交通设施换乘流线示意图

7.5 项目总结

项目充分利用片区四轨两铁的交通优势,形成拉动城市发展的引擎,提升片区城市能级,打造城市亮点,总体提升土地价值。

依托一体化发展战略背景,通过高铁和轨道交通线路及 TOD 站点的设置,以 TOD 理念为指引,利用区位优势及交通优势,引导优势产业布局,构建城市产业生态圈,提升城市能级,增强区域竞争力,吸引高素质人才,解决现实挑战,带动片区发展。

在片区总体空间层面,根据轨道站点和高铁站点的布局,用公共交通串联起双枢纽,构建公交核心骨架;通过调整容积率使得城市功能向站点集中,而其他区域进行中低强度高品质开发。通过优化路网、增加路网密度,改善片区道路交通通达性;通过强化慢行系统,引导城市向宜居、低碳、可持续的方向发展。根据确定的片区总体交通骨架体系,进行城市设计和产业布局,达到交通支撑城市空间和产业发展的目的。

在轨道站点层面,通过容积率转移的方式,把可提升的开发体量转移到汽车站上盖及东西侧两块用地上。对南北广场地下车库局部改造,建立地下商业步行街,串联起南北地块,解决轨道线路和六旗大道对站点区域的割裂问题。

在基于 TOD 理念的开发模式下,片区土地价值得到巨大提升,较未进行 TOD 城市设计前,土地价值增长约 163%。

但需要提及的是,在本书着笔时,成渝中线规划已取消在璧山境内设置站点,六旗乐园建设也面临推迟,规划设计在实践中面临调整需求。

回顾概念规划历程,设计团队在种种制约因素的限制下,初步实现了 TOD 片区一体化规划设计目标。本次规划设计得以推动的原因,除了外部环境支撑之外,更重要的是在工程设计上可行,在建设投资回报上可持续,能实现可持续运营发展的预期目标。当然,概念规划在推进过程中受到的种种限制因素以及折中的处理手段,也提醒政府决策者更加谨慎、精细化地对待城市新区开发建设。

第8章　重庆沙坪坝商圈高铁枢纽综合体规划设计实践

成渝高铁的引入给沙坪坝火车站带来了重生机会,也给沙坪坝商圈带来了新活力。利用火车站改造契机,对老旧城区进行更新改造,利用优越的公共交通条件进行 TOD 综合开发,可助力实现站城一体化发展,缝合城市空间。

8.1　项目背景

2009 年,重庆市第一条铁路客运专线——成渝客运专线进行选址研究,沙坪坝站作为高铁站纳入备选考虑。为此,充分利用现状有限条件和良好政策环境规划建设高铁站,并依托高铁站促进周边区域综合开发利用,成为项目成败关键。

8.1.1　沙坪坝站

沙坪坝站始建于 1979 年,紧邻三峡广场,是渝襄铁路三等站,也是重庆市沙坪坝区的第一个铁路站,如图 8.1 所示。1988 年,沙坪坝站更名为重庆北站,为当时重要的始发车站之一,发送旅客最高峰达到 1 万余人,年发送旅客 120 万人,这也是沙坪坝火车站最辉煌的时期,如图 8.2 所示。2006 年,因位于重庆市渝北区的龙头寺火车站被定名为重庆北,车站复名为沙坪坝站,同时大部分列车车次调整至重庆北站,沙坪坝站客流迅速萎缩。2010 年,沙坪坝站年客运量下滑至 25 万人;2010 年 3 月,沙坪坝站确定为成渝客专高铁站;2011 年 5 月,沙坪坝站停运;2012 年 12 月 28 日,沙坪坝站综合交通枢纽改造工程正式开工;2018 年 1 月 25 日,沙坪坝站综合交通枢纽改造工程一期正式投入使用。

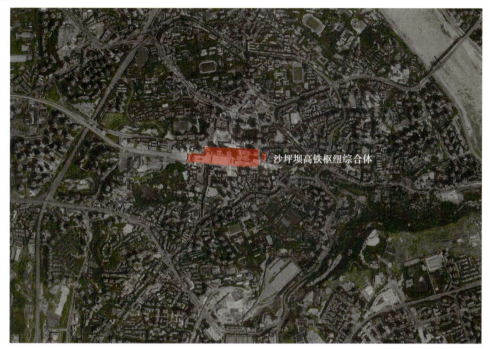

图 8.1　沙坪坝高铁枢纽综合体区位图

图 8.2　沙坪坝站旧貌

8.1.2　沙坪坝商圈

沙坪坝商圈位于沙坪坝核心区,是重庆主城区最早发展的传统商圈之一。受铁路阻隔,沙坪坝商圈失去了向南扩张的能力,其核心三峡广场商圈仅有 0.23 km^2,面积不足江北观音桥商圈的 1/4。加上落后的商业形态、拥堵的交通等原因,沙坪坝商圈在周边解放碑商圈、江北商圈、南坪商圈、杨家坪商圈等新商圈建设后渐渐没落。在周边新兴商业的全面挤压下,沙坪坝商圈客流吸引力逐年下滑,其本区客流占比达到74.7%,而对周边自有区域商圈较为发达或距离较远的区域,其辐射影响力微乎其微。因此,借助沙坪坝站改造契机,对商圈进行旧城更新,从而激发城市活力,打造城市新中心,是项目需要解决的核心问题。

8.1.3　TOD 综合开发

2014 年 7 月,国务院办公厅印发《关于支持铁路建设实施土地综合开发的意见》,针对铁路用地及站场毗邻区域土地综合开发利用提出了一系列实施原则和指导措施,为铁路物业的发展带来了新的契机。沙坪坝站作为全国首个商圈高铁站,原中华人民共和国铁道部与重庆市政府确定此项目为"部市联合示范项目",并尝试铁路上盖综合开发。2017 年 6 月,龙湖集团获得沙坪坝站物业的上盖开发权。

8.2　项目挑战

沙坪坝高铁枢纽综合体总占地面积 22 公顷,枢纽综合改造工程包括成渝铁路客运专线沙坪坝站场、综合交通换乘枢纽、相关城市道路工程、城市轨道 9 号线交通节点工程和枢纽上盖综合体。项目位于寸土寸金的沙坪坝区繁华商业地段,面临空间有限、地形复杂、交通拥堵等诸多挑战。

8.2.1　工程技术

作为重庆市老牌商圈,沙坪坝商圈经历了无数次城市扩建,其地上、地下管网纵横交错,极其复杂。无论是铁路场站建设,还是市政道路建设,都会对片区进行大面积开挖。因此,需要对管网进行保护、迁建以及重建,不仅会加大项目难度,影响工期,而且会增加资金投入。另外,由于空间有限,需要在地下 40 m 布置 8 层交通枢纽换乘功能空间,大大提高了消防安全要求,在国内几乎没有先例。为此,需要在设计中突破创新,同时加强部门协调、专业协作,以消除技术安全隐患。

8.2.2　交通支撑

沙坪坝区核心区受科研教育用地分割、地形高差大等原因影响,片区路网密度低,内外路网结构不合理,交通支撑系统薄弱,使得沙坪坝被称为"堵城"。而沙坪坝高铁枢纽综合不仅增强了交通枢纽功能,而且增加了城市综合开发用地,势必成为客流和商流汇集之地,无疑给片区带来巨大交通压力。因此,如何构建高效率的交通转换和集疏运体系,是项目面临的重大挑战。同时,项目整体建设工期将持续 8 年,建设中需要对周边道路实施全封闭或者局部封闭交通管制,会对现状交通体系产生较大影响,甚至会进一步加剧交通拥堵,造成交通瘫痪的严重后果。

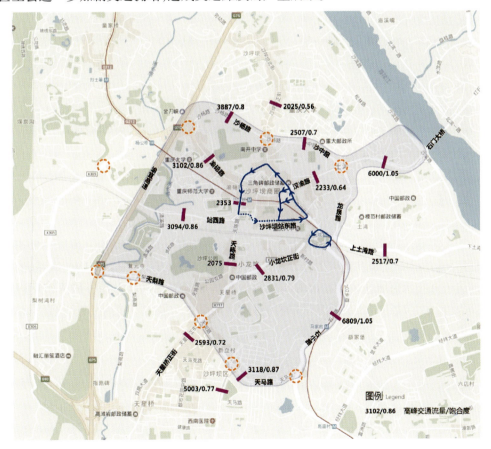

图 8.3　沙坪坝核心区现状路网及饱和度情况

8.2.3　综合协调

本项目涉及策划、规划、交通、轨道、结构、建筑、管网、道路等多专业,在规划设计阶段,各专业之间需要相互衔接,互为支撑,协同设计。在前期相关主管部门审批中,涉及铁路、规划、建委、公交、轨道、市政、交管等多部门,审批流程多且复杂。在实施建设阶段,项目涵盖了铁路、轨道、市政、物业开发等多个建设主体,建设工程庞杂,交叉实施界面多,给工程建设推进带来阻力。

图 8.4　沙坪坝站分割城市空间

8.2.4　需求矛盾

沙坪坝站承载着重庆人民,尤其是沙区人民的历史记忆。随着经济发展和城市扩展,曾经给沙区带来经济繁荣的沙坪坝站明显割裂了城市空间,阻隔了南北联系,给人民的出行和生活带来了不便。沙坪坝站改造工程在原有场站的基础上扩大了交通功能,同时增加了城市功能,如果无法处理好枢纽综合体与城市空间的关系,将进一步加深城市空间割裂与人民美好生活需求之间的矛盾。

8.3　站城一体化

《雅典宪章》指出,城市规划的目的是解决居住、工作、休憩与交通四大功能活动。

在传统的城市规划建设中,往往把交通功能从其他三个功能中独立出来予以考虑。交通功能以节点或者通道的城市形态存在。随着城市拓展,这种割裂化的规划逻辑已经不适用于现代化生产生活方式,不利于城市功能提升与土地的集约利用。因此,以日本为典型代表的众多城市开始以轨道站点为中心进行集约化发展,将交通功能与其他城市功能进行汇集,实现交通站点即是一座"小"城的站城一体化发展。这样不仅可以实现土地的高效利用和资本的高收益,也可以打造便捷、舒适的生活环境和出行环境。

沙坪坝高铁枢纽站综合体充分吸纳站城一体化设计理念,将综合交通枢纽交通功能与城市功能进行有机结合,做到地上地下功能叠加、枢纽内外无缝连接,从而成为激发老城新活力的城市新中心。

8.3.1　空间构成

1)周边空间关系

沙坪坝高铁枢纽站综合体周边分布着多个商业、居住、学校及公园用地。项目北连沙坪坝核心商圈三峡广场和成熟居住区,东邻重庆八中,南接小龙坎成熟居住区,西邻沙坪公园和重庆师范大学。该项目占据南北串联纽带位置,对缝合城市空间起着关键作用。

2)高铁枢纽综合体空间构成

沙坪坝高铁枢纽站综合体是集高铁、轨道、公交、出租车、小汽车、步行以及商务商业为一体的城市综合体,占地面积约 8.5 万 m^2,总建筑面积约 73 万 m^2。其中,综合交通枢纽建筑面积 25 万 m^2,综合体建筑面积 48 万 m^2。

图 8.5　沙坪坝高铁枢纽综合体与周边空间关系

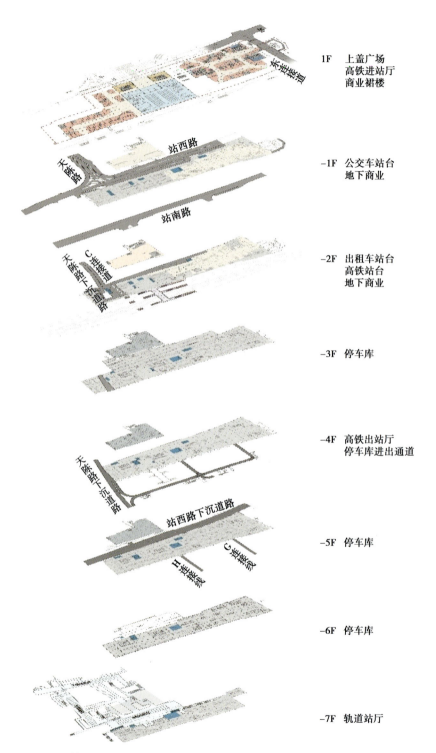

1F 上盖广场
高铁进站厅
商业裙楼

-1F 公交车站台
地下商业

-2F 出租车站台
高铁站台
地下商业

-3F 停车库

-4F 高铁出站厅
停车库进出通道

-5F 停车库

-6F 停车库

-7F 轨道站厅

图8.6 沙坪坝高铁枢纽空间布局图(本图未表达-8F站台层)

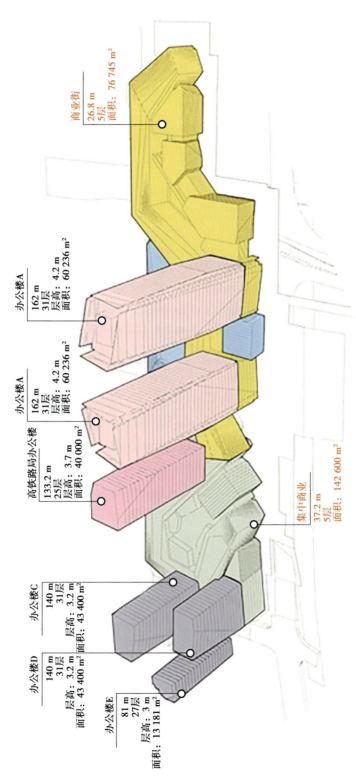

商业街
26.8 m
5层
面积：76 745 m²

办公楼A
162 m
31层
层高：4.2 m
面积：60 236 m²

办公楼A
162 m
31层
层高：4.2 m
面积：60 236 m²

高铁路局办公楼
133.2 m
25层
层高：3.7 m
面积：40 000 m²

集中商业
37.2 m
5层
面积：142 600 m²

办公楼C
140 m
31层
层高：3.2 m
面积：43 400 m²

办公楼D
140 m
31层
层高：3.2 m
面积：43 400 m²

办公楼E
81 m
27层
层高：3 m
面积：13 181 m²

图8.7　沙坪坝高铁枢纽上盖综合体空间布局图

综合交通枢纽设置于地下，分8层布置各种交通功能。负1层为公交车站台和地下商业；负2层为出租车站台、高铁站台和地下商业；负3层为小汽车停车库；负4层为高铁出站台和小汽车停车库；负5层和负6层为小汽车停车库；负7层为轨道九号线站厅和小汽车停车库；负8层为轨道九号线站台。综合体为上盖裙楼和6座塔楼，涵盖商业、办公、居住（冠寓）等多种业态。

地面、负1层、负2层、负4层以及负5层设置停车库出入口。负4层为交通换乘大厅，交通枢纽客流通过换乘大厅转换到各接驳交通层，同时也可通过垂直交通进入上盖综合体。

8.3.2　步行网络

丹麦著名建筑师扬·盖尔认为，城市是为人而建的，而步行空间则是体现人性化城市最主要的城市空间。美国著名规划师彼得·卡尔索普提出以公共交通为导向引导土地利用和城市发展，即TOD发展模式。这种模式以自行车和步行为主导，通过构建通达、舒适的步行网络，限制小汽车出行，创造高品质宜居生活环境。

1）步行需求

根据《重庆市中长期铁路网规划（2016—2030年）》，重庆主城区将构建"三主两辅"客运枢纽格局，以北站、西站、东站为主站，以沙坪坝站和重庆站为辅助站。在重庆站未完成改扩建工程前的过渡期，沙坪坝站承担成渝高铁始发终到功能，设置5台7线，接发车能力为56对/日；重庆站改扩建工程完成后，沙坪坝站将作为中间站。根据《重庆市沙坪坝铁路枢纽综合改造工程可行性研究》，2030年沙坪坝火车站日均发送量为38 000人次/日，高峰小时发送量约为4 200人次/h。

根据规划，沙坪坝站周边有4条轨道线路，其中现状轨道交通1号线和轨道交通环线已经通车，轨道交通9号线在建，中期规划了轨道交通快线27号线。结合1号线、环线和9号线现状和规划客流，至2030年，这3条轨道线客流量高峰小时约为44 000人次/h。

根据商业策划，沙坪坝站上盖综合体定位为"家庭互动平台+时尚潮流中心+都会旅游新地标+商务配套集散地"，核心客群为中高端家庭客群，支撑客群为高校客群，辅助客群为差旅人士和城际游客。基于各业态开发体量，预测早高峰小时客流约为17 000人次/h，晚高峰小时客流约为30 000人次/h。

综合考虑沙坪坝铁路枢纽、上盖综合体以及周边商圈，预测2030年高铁枢纽综合体晚高峰小时总出行量为84 251人次/h。这些客流通过不同交通方式从外围到达枢纽及综合体，最后均转换成内部步行方式。各交通方式出行量及客流分布如表8.1所示。各交通方式中，铁路出行量占10%，公共交通（包含轨道、公交以及出租车）出行量占72%，小汽车出行量占6%，周边步行出行量占12%。由此可见，本项目外部以公

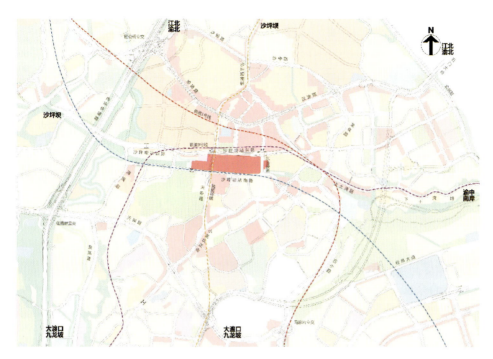

图 8.8 项目周边轨道线路图

共交通为主要出行方式,以步行和小汽车为辅助出行方式,而内部均转化为步行方式
到达目的地。

表 8.1 高铁枢纽综合体 2030 年晚高峰小时各交通方式出行量及客流分布表

止点 起点	铁路	轨道 1 号线	轨道 9 号线	轨道 环线	公交	出租车	小汽车	步行 (周边)	步行 (龙湖)	合计
铁路	—	578	516	1 030	854	343	431	404	107	4 264
轨道 1 号线	578	—	6 851	6 299	894	196	109	981	1 014	16 922
轨道 9 号线	516	2 358	—	2 623	798	175	97	876	906	8 351
轨道环线	1 030	8 187	3 639	—	1 594	350	194	1 749	1 808	18 551
公交	854	657	587	1 171	—	72	66	414	2 420	6 241
出租车	343	144	129	257	53	—	17	43	672	1 658
小汽车	431	80	72	143	49	7	—	67	2 095	2 944
步行(周边)	404	721	644	1 286	305	25	48	—	4 531	7 964
步行(龙湖)	107	1 334	1 191	2 378	3 105	862	2 748	5 632	—	17 356
合计	4 264	14 059	13 629	15 187	7 651	2 030	3 712	10 167	13 553	84 251

注:27 号线远期规划都市快轨,本次客流量不包含。

2) 区域步行网络

项目位于核心商圈,现状步行网络呈现"北强南弱,东西不足,轨道不通"的特征,步行品质有待提升。项目北侧为三峡广场,地面、地下步行街和步行道四通八达,且东北角交叉口为便于过街,设置了人行天桥,步行环境舒适安全。项目东侧为重庆八中校区,主要通过1座人行天桥与地面人行道联系。项目南侧为成熟居住小区,内部步行道较完善,但被老沙坪坝站分割,其与北侧三峡广场仅通过天陈路人行道连通步行系统,联系弱。沙坪坝站改造期间,因天陈路中断,故利用上盖广场搭建临时人行天桥,保障南北步行系统贯通。项目西侧为重庆师范大学和居住小区,主要通过位于站东路的1座人行天桥与地面人行道联系,步行网络延伸不足。现状轨道站1号线和环线独立设站,未设置连通道,需通过地面进行换乘。

步行网络是缝合城市空间、实现无缝衔接及倡导绿色交通出行的重要手段。为此,不仅在区域规划层面需要对步行网络进行系统完善,同时在枢纽综合方案设计过程中也需要充分考虑步行网络,故在地面人行系统的基础上构建立体步行系统。

图例 Legend	
▐ 人行天桥	▭ 人行地道
▬ 人行道/步行街	‖‖‖ 人行横道

图8.9　项目周边现状步行网络图

(1)地上人行天桥及连廊

本项目周边被站东路、站南路、东连接道以及西连接道围合,除北侧通过上盖广场与三峡广场形成完整空间外,其他区域与周边地块之间均有地面道路隔离。为加强项目与周边地块的交通联系,同时减少人车干扰,交通设计结合地势高差,在现状人行天桥系统的基础上,改造1座人行天桥,新增2座人行天桥,新增1个上盖人行广场。

①站西路人行天桥:此桥为现状人行天桥,呈"J"形,设施较为陈旧,站西路北侧行人上桥不便。天桥桥面宽3 m,梯道宽1.5 m,桥面通行能力约为2 400人次/h。根据预测,至2030年,此处高峰小时人行过街需求约为3 600人次/h,现状人行天桥无

图 8.10　项目现状周边步行覆盖范围图

法满足远期人行过街需求。为此,对此人行天桥进行加宽改造,同时东侧增设人行天桥,形成"U"形人行天桥,增强综合交通枢纽综合体与重庆师范大学、渝碚路及杨公桥片区、站西路片区的联系。

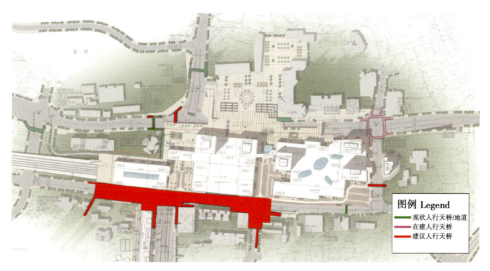

图 8.11　项目周边规划人行天桥及连廊系统

②东连接道人行天桥:东连接道是沙坪坝铁路枢纽改造工程新建道路,双向 4 车

道。根据枢纽改造及综合体建设的需要,东连接道与其他3条道路均为单行道交通组织,形成环道系统。为加强本项目与东侧地块的联系,增设人行天桥,将铁路枢纽综合体、小龙坎广场以及平顶山公园进行串联,不仅方便枢纽东侧市民的便捷出行和生活,同时也吸引其他区域市民到此枢纽进行一站式生活和工作。

图8.12　现状站西路人行天桥照片

图8.13　现状东连接道照片

　　③站南路上盖人行广场:站南路为地面道路,与铁路枢纽综合体存在高差,为消除城市空间割裂,强化铁路枢纽综合体与沙坪公园及南侧街区的联系,构建人性化步行空间,本次结合整体城市设计,将原规划的多个人行天桥整合为上盖人行广场,不仅实现南北片区的有机无缝联系,方便周边市民的便捷出行和生活,同时提升了整体城市形象。上盖人行广场长约300 m,南侧形成6条步行支通道,分别衔接沙坪公园、P+R停车楼、天陈路及南侧社区。

　　为提高步行舒适性,新增人行天桥配置了无障碍设施,包括直梯、扶梯、坡道等设施。在站西路人行天桥设置1组直梯,站前广场与三峡广场衔接处设置3组扶梯,东连接道天桥设置坡道,同时增加风雨连廊,提升行人过街设施的品质和安全。

　　(2)地下人行通道

　　沙坪坝铁路枢纽中各交通功能位于地面及地下负1层至负8层,地下人行通道成

图 8.14　现状站南路照片

为衔接周边的纽带。为保障一体化接驳,本次在轨道换乘及接驳人行通道的基础上,结合地形高差新增了 3 处地下人行通道。

①轨道换乘及接驳人行通道:轨道交通 1 号线与 9 号线线路及站点平行布置,并与环线垂直布置,3 个轨道站点在空间上独立分布。为实现 3 个轨道站点便捷换乘,并无缝衔接周边地块,尤其是沙坪坝铁路枢纽综合体,在轨道站之间设置了地下"T"形人行换乘通道和多个轨道接驳人行通道。

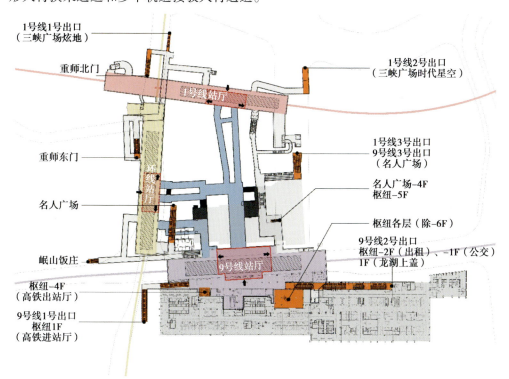

图 8.15　轨道换乘及接驳人行通道

②华宇广场地下人行通道:华宇广场位于本项目北侧,是以现代商业为主体的现

代化中央综合社区,也是沙坪坝核心商圈体量最大、客流最多的商业综合体。本次在铁路枢纽地下负 2 层新建与华宇广场家乐福超市直接连通的地下人行通道,实现了枢纽与该地块的无缝衔接。

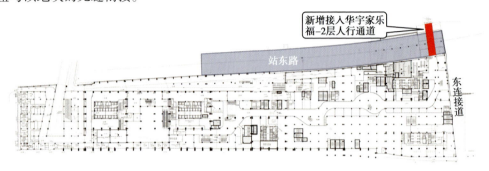

图 8.16　华宇广场地下人行通道

③名人广场地下人行通道:名人广场位于华宇广场西侧,有郭沫若、巴金、丰子恺、冰心等 15 位文化名人雕塑,是沙坪坝区的文化展示之窗。本次在铁路枢纽地下负 3 层处新建了联系名人广场负 2 层的地下人行通道。

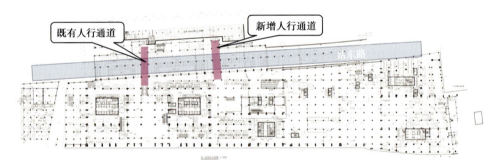

图 8.17　名人广场地下人行通道

④小龙坎社区地下人行通道:本项目以南的小龙坎社区是成熟居住小区,在枢纽东侧与地块形成较大高差,本次结合地形高差新建地下人行通道,加强枢纽综合体对南侧地块的服务覆盖。

8.3.3　交通接驳

1)地面公交接驳

高铁及轨道交通作为城市的大运量中远距离的公共交通运输工具,承载了城市间及城市内部骨干交通网络功能;常规地面公交作为辅助解决轨道未覆盖区域及轨道最后一公里出行。结合重庆自身地形特点,在轨道交通衔接方式中,公交衔接的客流比例是最高的,应作为优先级别仅次于步行的衔接方式,以提高接驳便捷性,减少换乘距离、换乘时间以及等候时间。

　　考虑无缝接驳需求,常规地面接驳公交站点设置在枢纽负 1 层,与站东路直接衔接,公交车出入便捷,同时高铁、轨道以及综合体客流均可以通过垂直和水平人行系统到达。受占地空间影响,此公交站点仅能供 11 辆公交车同时停靠。根据测算,交通枢纽产生常规公交换乘客流量约 7 650 人次/h,综合体及周边商业常规公交客流量约 6 250 人次/h,超过公交站台客流发送能力,容易产生交通拥堵,需额外增加公交站点。具体方案如下:

　　①在东、西连接道增设公交站,主要服务综合体及周边商业,以有效分流公交客流,实现客流在枢纽及周边的均匀分配,并提高公交整体服务水平。

　　②利用重庆师范大学旁空地增设 1 处公交首末站。

图 8.18　常规地面接驳公交站点布局图

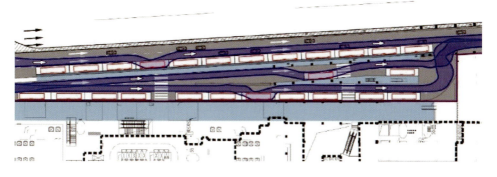

图 8.19　站东路公交站布局及流线分析

2）出租车接驳

根据交通枢纽客流量及商业体相关体量,预测未来出租车接驳客流量将达到约3 690人次/h。为此,在交通枢纽负2层设置了出租车接驳站台,可满足40辆出租车排队上下客,实现一体化立体换乘,避免以往平面换乘距离长、换乘流线不连续的缺点,提高换乘效率。另外,为减少出租车车辆集中出入造成站东路交通拥堵,建议在西连接道、东连接道同时设置路边出租车停靠站,形成"点多、量少、面广"的布局,避免出租车高峰期的拥挤。

表8.2 沙坪坝TOD站出租车站点客流预测表

	人流量（人次/h）	停放位置	比例/(%)	载客系数	周转率/(%)	所需车位数/(个)
出租车送客即停即走	1 660	下客区	100	1.5	60	19
出租车接客	2 030	上客区	15	1.5	10	21
		蓄车区	85	1.5	15	77

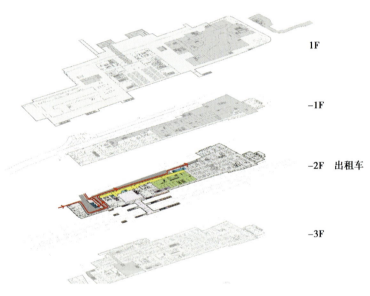

图8.20 出租车站位置及车行流线

3）小汽车接驳

TOD开发模式强调公共交通主导的交通引导模式,但是并不是完全排斥小汽车出行。同时,本站点功能集聚了大量商业、办公等业态,这将产生大量的小汽车停车需求,良好的小汽车接驳体系对项目TOD开发模式也至关重要。

根据业态及地形条件,交通枢纽及综合体分别在负1层、负2层的部分区域,负3层至负7层共设置约2 791个小汽车停车位。

由于沙坪坝区域属于成熟商业区,片区地面交通系统通行能力有限,为缓解地面交通压力,通过在枢纽周边设计地下立体化交通系统满足枢纽交通的进出需求。结合外部进出流线及流量分布,枢纽地块一共设置了 11 个车库出入口(其中包括 6 个进口,4 个出口,1 个进、出口),如图 8.21 所示。

考虑到沙坪坝 TOD 枢纽综合体位于沙坪坝三峡广场区域,综合体的小汽车停车设计应该与该片区周边原有的商业体联动,形成一个整体的片区交通出行体系。三峡广场商圈现状共有停车场 17 处,共提供停车泊位约 2 232 个。未来还将规划部分停车场,包括名人广场停车场(停车泊位 612 个)、交委停车楼(停车泊位 1 119 个)、渝富停车楼(停车泊位 702 个)。枢纽在方案设计时就考虑了其与周边停车场的联系,设计了与周边新建停车库连接的内部连接道。

8.3.4　交通之核

1)城市枢纽核

沙坪坝高铁站是重庆市主城区构建"三主两辅"铁路客运枢纽体系中的两个辅助枢纽之一。沙坪坝高铁站是成渝高铁中间站,但在重庆站未完成改扩建工程前的过渡期,它将承担成渝高速铁路部分线路的始发终到功能。

沙坪坝高铁枢纽汇集 4 条轨道线路,其轨道站等级属于城市中心站。现状轨道线包括轨道 1 号线和轨道环线、轨道 9 号线,以及中期规划轨道快线 27 号线。轨道 1 号线为现状运营线路,起于渝中区朝天门,止于璧山北站,串联渝中区、沙坪坝区和璧山区,是重庆市东西向骨干线路;环线东北环和西南环为现状运营线路,跨越沙坪坝区、江北区、渝北区、南岸区和九龙坡区,是主城区线网骨干线路和唯一闭合环状线路;轨道 9 号线为在建线路,起于新桥站,止于花石沟站,贯穿城市南、北、中 5 个片区,有机连接沙坪坝、化龙桥、观音桥、江北城、回兴等多个建成区域,是南北向骨干线路;轨道 27 号线是中期规划城市快线,西起璧山区璧山站,东至南岸区重庆东站,贯穿南岸区、渝中区、九龙坡区、沙坪坝区和璧山区,是轨道交通线网东西向的快线,串联起了沙坪坝站、重庆站、重庆东站等多个铁路综合枢纽。枢纽周边 500 m 范围内现状有 18 个公交站点、55 条公交线路,其中 21 条是始发线路,公交站点密集,公交线路聚集,可方便地到达主城其他区。高铁引入和上盖综合开发给片区带来了更多客流,为进一步提升公交服务能力和水平,在高铁枢纽负 1 层设置了大型公交站,同时在西北角距离枢纽约 600 m 处新增 1 处公交首末站。

沙坪坝高铁枢纽位于区域南北向交通干道天陈路和东西向交通干道站东路、站西路交汇处,是区域路网体系重要的交通转换节点。本次新增了站东路下穿道路、站南路、东联络道、西联络道以及联络匝道,构建了与区域路网体系互联互通的道路系统,保障了内外交通通达和快慢交通分离。

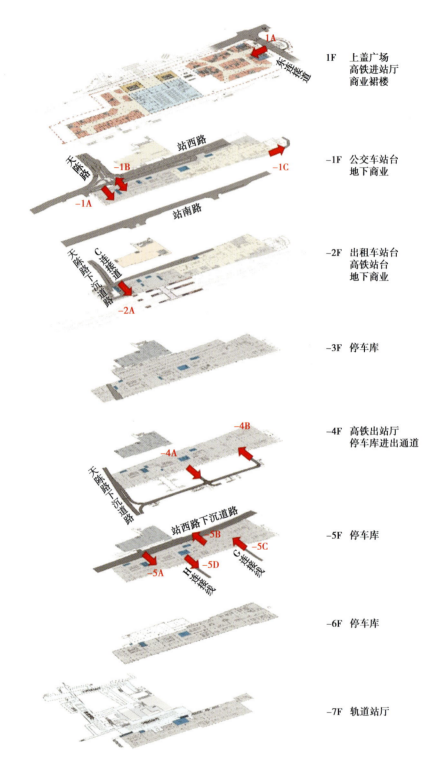

图 8.21　沙坪坝 TOD 车库及出入口布局

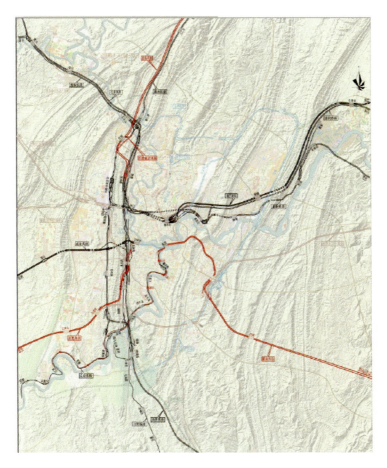

图 8.22　重庆主城区"三主二辅"铁路客运枢纽布局

沙坪坝高铁枢纽串联高铁、轨道、公交以及城市道路,成为复杂城市交通网络的重要中枢。同时,上盖综合体将城市功能与交通功能融为一体,实现站城一体发展,打造城市新中心。

2)建筑交通核

沙坪坝高铁枢纽综合体内汇集了枢纽交通客流和综合体商流,流量大,流线复杂,利用建筑内部有限空间高效地组织交通流线是设计的关键。

项目在最开始设计时,仅重点考虑枢纽内部交通设施各自的交通流线,如高铁客流进出流线、轨道客流进出流线等,且仅设置了交通设施独立的人行通道系统。这不仅造成交通枢纽内部换乘不便,也造成空间利用率不高,识别性不强,交通流线复杂,尤其在引入上盖综合体后,这个问题变得尤其突出。在充分考察国内外复杂枢纽综合体的规划建设经验后,设计团队引入"交通核"设计理念,选择建筑内合适位置设置集中式交通筒体,集中解决水平交通和垂直交通的衔接转换需求,构建连接内部各交通设施和综合体的空间枢纽。

图 8.23　沙坪坝轨道站线路分布

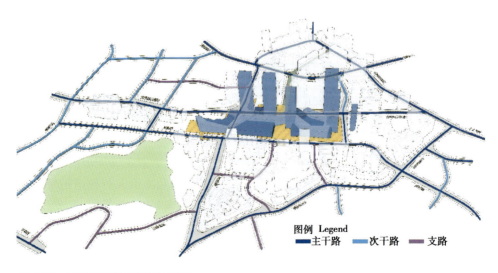

图例 Legend
━━ 主干路　　━━ 次干路　　━━ 支路

图 8.24　沙坪坝高铁枢纽周边路网

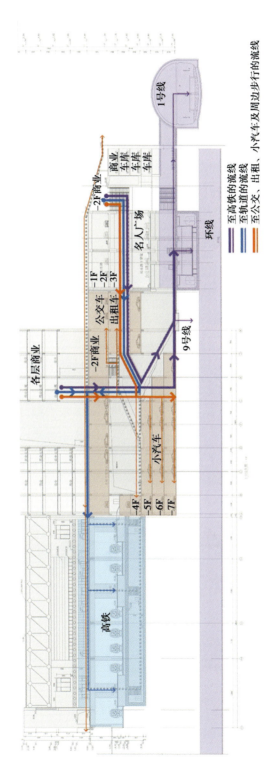

图8.25　交通核流线示意图

　　交通核通过扶梯、电梯以及楼梯等设施将高铁、轨道、出租车、公交车和上盖综合体连接为有机整体。高铁站台位于负2楼,通过扶梯和电梯到达负4层交通换乘大厅,然后通过扶梯和电梯向下到达负5层至负7层停车库以及负7层的轨道站厅层,从而既可驾驶小汽车离开,也可乘坐轨道9号线、环线以及轨道1号线。通过扶梯和电梯向上到达负2层出租车站台和负1层公交站台,分别乘坐出租车和公交车,同时可到达地下商业区和停车库。最后,通过3组大容量电梯实现交通枢纽与上盖综合体垂直交通联系。

　　交通核既实现了到达客流和商流的慢游,又保障了转换客流和商流的快达,高效地解决了建筑内部交通的水平衔接和垂直疏散问题,缩短了接驳时空距离。

图 8.26　建筑交通核效果图

8.4　一体化规划设计建设方法

　　2010年3月,原中华人民共和国铁道部与重庆市政府联合批复重庆沙坪坝站铁路综合交通枢纽工程,并确定为"部市联合示范项目"。同年9月,重庆市政府确定重庆交通开投集团牵头开展前期工作。为了更好地统筹项目建设,2011年1月,重庆城市交通开发投资(集团)有限公司确定成立重庆城市综合交通枢纽开发投资有限公司(以下简称"枢纽公司")为项目业主,全权负责沙坪坝高铁枢纽建设工作。2017年6

月,龙湖集团摘得沙坪坝上盖土地开发权,开展物业上盖 TOD 开发。2018 年 1 月 25
日,沙坪坝站综合交通枢纽改造工程一期正式投入使用,预计 2020 年 12 月,上盖综合
体——"龙湖光年"全部建成投用。届时,全国首个商圈高铁 TOD 项目全面投入使用,
标志着重庆正式迈入 TOD 时代。

沙坪坝高铁枢纽综合体既是我国关于商圈高铁枢纽及综合开发的尝试,也是重庆
关于 TOD 发展模式的实践。在其规划设计及实施建设过程中,既经历了工程技术的
挑战,也遭遇了政策制度的限制。通过各方的不懈努力和创新突破,最终问题逐一得
到解决,并形成了一套切实可行的规划设计建设方法可供借鉴参考。

8.4.1　可持续的动态规划咨询

从成渝客专选线研究开始,到沙坪坝高铁枢纽投入使用,以及上盖综合体建成,在
各阶段针对交通系统进行了可持续的动态全过程规划咨询,确保了交通系统支撑
可靠。

2009 年,成渝客运专线进行选线研究,针对客运专线站点设置(尤其是主城区站
点)进行了深入的选址研究。沙坪坝站凭借其区位优势和历史记忆被纳入考虑。经
过深入研究,沙坪坝站正式成为成渝高铁中间站,但在重庆站未完成改扩建工程前的
过渡期,将承担成渝高速铁路部分始发终到功能。

2012 年,开展了沙坪坝高铁枢纽交通规划设计,从大区域交通的角度,对高铁枢
纽对外交通、内部交通功能布局等方面进行了系统的规划设计,有力保障了枢纽外部
交通可达和内部交通便捷。

2013 年,开展了高铁枢纽施工期间交通组织方案研究和设计,减少项目实施期间
对区域交通的影响,保障项目顺利开展。

2017 年,针对高铁枢纽上盖综合体开展了交通咨询工作,重点对上盖综合体带来
的交通影响进行评估,并提出了交通系统优化措施。同年,为保障 2018 年枢纽投入使
用后正常运营,开展了运营初期交通预评估、交通组织规划、交通导视系统设计等交通
保障规划设计。

2019 年,开展了规划后期评估,对交通系统规划设计的合理性和落地性进行了总
结,并进一步提出了交通系统优化措施。

8.4.2　大师引领,联合设计

项目从启动前期研究工作到实施运营,涉及策划、规划、铁路、轨道、建筑、市政、交

通、结构、景观等众多技术专业,技术难度大,统筹协调错综复杂。为此,项目在各阶段都邀请了国内外各路行业精英,实现大师引领、联合设计。

在盖下设计打造时,提前引入意向合作单位,诚邀国内国外众多开发商、设计单位参与,最终凝结多种方案精华,突破性地提出独特路径。通过"高铁+上盖物业"开发模式,综合全国十多家知名开发商的开发理念,优化上盖物业概念性方案,最大限度地集约利用城市土地,平衡项目资金,体现了科学发展、绿色发展和可持续发展理念。

除了由设计单位对枢纽综合体的规划方案进行思考外,还先后与业内知名的设计事务所(如台湾李祖原事务所)合作,从其商业业态布置方案出发,通过邀请重庆协信、华润、万科等在上盖物业开发方面有一定经验的开发商,以及世界知名策划公司(如世邦、魏理仕等),先后参与本项目物业开发的市场营销策划、物业规划设计方案、业态布置的研讨,以确保盖下柱网的布置与上盖物业开发的科学合理衔接。

8.4.3 分层确权,公私合建

一直以来,铁路客站综合开发项目所面临的最大的问题就是公共土地资源占用的利益分配问题。沙坪坝高铁枢纽综合体工程着眼长期发展利益,以创造土地利用价值为目的,倡导政府、行业部门、开发商、企业和居民的共谋、共享,从而将区域内外、路地双方的利益一致化。为达成此目的,沙坪坝高铁枢纽综合体工程创造性地突破现行政策限制,土地按盖上、盖下空间分层出让,以盖上出让土地收益支持盖下公共交通项目建设,以上层商业建设实现站点及其周边区域社会经济效益最大化,形成路地双方利益共同体。

2017年6月,盖上土地成功出让,龙湖集团摘牌,标志着土地分层出让的设想最终得以实现。在实际操作过程中,根据招拍挂关键节点和重点问题,项目业主与政府及相关部门积极沟通,并借助中介公司的力量,探索高效的工作方式、方法,先后取得了一系列创新成果:一是在土地出让前期要件——规划条件函迟迟不能获得的情况下,为保障在高铁通车前完成盖上范围内部分商业建筑结构施工,采用一个项目盖上、盖下分别出具规划条件函的方式,确保了盖上土地招拍挂如期完成,使铁路盖上范围内的物业结构施工得以保障;二是在土地成本不具备审计条件且时间紧迫的情况下,协调政府及国土部门同意提前抽取评估单位,介入项目招拍挂工作,并按照评估(审计)单位以市场评估价作为盖上土地出让的综合价的方式挂牌出让,并通过"成本先挂后审"思路算账;三是根据项目情况,为确保通车,由枢纽建设单位先行代建部分物业,后由摘牌企业回购。

8.5　项目总结

8.5.1　示范意义

沙坪坝站铁路综合交通枢纽工程是中国铁路总公司与重庆市确定的"部市联合示范项目",是中国首例高铁车站上加盖城市综合体开发案例、中国国内首座深入地下 8 层的铁路综合交通枢纽,同时也是土地集约利用的创新尝试。项目集铁路客运、城市轨道交通、城市地面地下交通系统为一体,对在复杂城市环境下的综合交通枢纽开发建设具有重要的探索实践价值和示范先导意义。

1)交通全过程咨询

针对复杂城市环境和交通系统的综合交通枢纽综合开发 TOD 项目,存在较高的工程技术难度和建设不确定性,而通过采取全过程交通咨询方式可以保障规划设计的持续性和系统性。本项目的交通规划、设计以及咨询工作是一个全过程、动态优化的交通规划工作实践过程,既能保障项目在建设期间,尤其是交通枢纽在大量交通配套设施未建成情况下如期开通运营,又能支撑整体项目建成后的正常运营,确保交通通达畅通。本项目采取的全过程交通咨询方式对其他项目具有重要的借鉴意义,值得推广。

2)技术创新

本项目受平面空间制约,不得不将交通枢纽的大部分交通功能都布置于地下 40 m 的 8 层立体空间,这在国内外都属罕见。为此,项目突破传统工程思维,创新了设计理念和施工工艺。首先是消防设计,面对埋深大且空间大对消防设计提出的巨大挑战,本项目突破常规做法和规范要求,一方面设计团队尽可能优化功能布局和交通流线,另一方面建设单位组织国内外行业专家进行深入的技术论证,同时协调政府相关部门在政策上进行支持,在运营管理上建立特殊管理机制;其次是建筑交通核设计,为解决竖向上不同层之间的交通转换和疏散问题,本项目引入了"交通核"设计理念,实现了快慢客流分离及一体化零换乘。诸如此类的技术创新,为项目的顺利推进起到了决定性的作用,具有重要的示范意义。

3)制度探索

因本项目的复杂性和超常规性超出了现行政策制度规定,缺乏政策法规支撑,所以给项目推进带来了很大阻力。为此,本项目在土地招拍挂、地上地下产权分配、消防管理、规划审批等方面进行了制度探索,为大型综合交通枢纽以及 TOD 综合开发项目提供了创新思路,健全了体制机制,同时积累了关于制度建立的宝贵经验。

8.5.2　实践反思

沙坪坝站铁路综合交通枢纽工程从选址研究,到盖上综合体建设,获得了社会和行业的广泛关注,尤其是国家发改委及相关部委的支持和认可,其成功经验值得推广。同时,项目规划设计建设过程中也凸显出目前高铁枢纽综合体存在的一些实际问题,值得反思,思于行,融于止。

1)高铁站隐于市还是疏于野

随着我国高速铁路建设的网络化布局,越来越多的高铁站点已经建成。但在给社会经济发展带来强大带动作用的同时,部分高铁站也饱受吐槽和质疑。造成这一结果差异的核心问题之一,是高铁站应当如何选址,是铺展于城郊还是融入中心城区?诚然,远离市中心规划高铁站有着土地价格低、面积大,拆迁及建设难度小、影响小等优势,然而,这样会造成旅客出行距离长、与城市交通换乘不便,同时潮汐式的交通量聚集将给城市交通带来严峻的挑战。另外,这些偏远的站点往往存在集疏运配套不全、接驳公交不便、周边土地开发动力不足等问题,有的甚至沦为"高铁鬼城"。

正确认识铁路客运尤其是高铁客运的功能效用,超前研究储备高铁线路、设站选址、高铁综合枢纽及其周边开发的规划,成为新一轮高铁站选址的必然要求。通过充分的研究论证,沙坪坝高铁枢纽利用原有火车站,避免了远离中心城区的弊端;同时结合城市空间布局,将城市功能与交通功能进行高度融合,打造了集高铁、城市轨道、公交、出租、小汽车及物业开发于一体的城市中心。由此,沙坪坝高铁枢纽既满足了城市发展需要,又保证了枢纽功能的充分发挥,实现了城市商流与枢纽客流的有机融合和互为支撑,实现了流量的价值最大化。

2)小汽车至上与公交优先的博弈

TOD 发展模式倡导绿色交通出行,鼓励步行和公共交通,限制小汽车出行。然而目前我国正处于经济高速发展和小汽车使用高需求的时代,从出行舒适度的角度,人们更愿意采用小汽车出行方式,因此必须配置足够的停车位,以满足停车需求。但是这不仅给城市中心区带来了巨大的交通压力和环境压力,同时也与公交引导的 TOD 发展理念背道而驰。

沙坪坝高铁枢纽综合体践行 TOD 发展理念,引入了 4 条轨道线路,同时配置了公交枢纽场站,打造了以轨道交通为主、常规公交为辅的公共交通体系,营造了良好的公共交通出行环境。为此,本项目提出降低停车配建指标、合理引导小汽车出行、鼓励公共交通绿色出行的一系列措施。在缺乏相关政策支持的情况下,经过多方协调,在政府支持下降低了约 15%的停车配建指标,同时提出与周边地块共享停车位的建议和实施举措。这是重庆市首个 TOD 综合体针对停车配建的一次突破和探索,建议政府进一步出台关于支持绿色交通出行的鼓励政策,同时建议政府相关部门制定关于TOD 综合体的停车配建指标标准。

第9章 中国摩片区交通规划

城市景区的开通运营,需要有与景区定位相匹配的交通系统予以支撑。在交通建设条件差、交通设施供给总量有限的情况下,如何利用有限的道路交通资源供给,满足景区在不同时间高峰时段的交通需求,使游客在游览过程中获得预期的舒适感和期望值,是本项目需要解决的问题。

9.1 项目概述

项目地处两江新区保税港区空港功能区,处于绕城高速以外城市边缘区。该片区位于城市中部槽谷东北端,西/北邻龙王洞山,东邻铜锣山,南邻重庆江北国际机场,是三面环山且受重要交通枢纽围合的片区。项目距离江北机场仅 9 km,距离观音桥商圈约 25.6 km,距离中央公园约 10 km,距离礼嘉片区约 20 km,距离重庆解放碑CBD 约 23.7 km,如图 9.1 所示。

项目总用地面积约 130 万 m²,总建筑面积约 350 万 m²。其中以55 万 m² 的中国摩(Mall of China)为核心,打造首座"全天候、一站式"重庆 5A 级景区、世界旅居目的地,服务重庆主城区及周边区县来渝旅游人群,项目将成为中国大西南地区媲美世界的游购商旅目的地,如图 9.2 所示。

随着中国摩项目从初期的文娱综合体,到后期 5A 级景区定位的提升,以及学校、医院等大型交通产生和吸引源在片区落户,片区已由原有绕城高速外的配套区提升为城市重要公共功能区。片区的大规模建设,以及高强度的集聚开发,给城市交通设施带来较大的考验。原有城市功能定位发生变化后,片区的城市交通设施也应同步

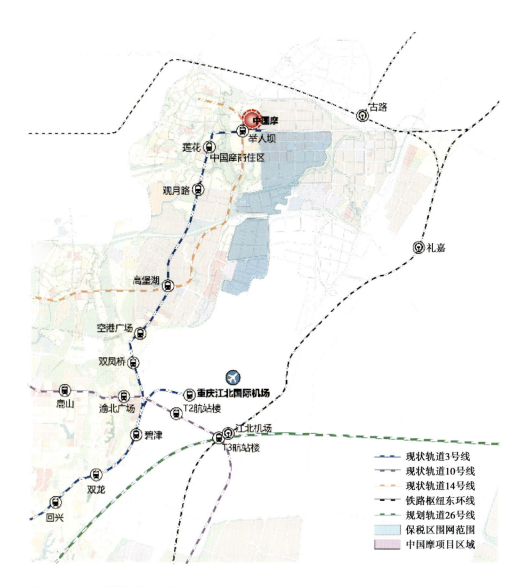

图 9.1　项目交通区位示意图

规划更新。

　　景区客流呈现流量大、高峰集中的交通特征。由于开业前期对外宣传力度较大,开业期间与景区的旅游旺季、客流高峰期重合,导致开业期间客流吸引量较大。通过对重庆类似景区的调查发现,核心客源将主要以本地客群为主,出行方式以自驾交通方式为主。由于项目选址于城市边缘地区,既有道路交通设施及城市公共交通服务尚处于逐步建设阶段,开园期间其周边城市的交通设施大多未完全形成,难以有效应对突发暴增的开园客流。

　　因此,结合项目交通特征和片区用地建设情况:一方面,对项目运营期间存在的交通需求及问题有针对性地提出应对措施,保障项目投入运营后交通有序运行;另一方面,结合远期的客流特征,提出景区运营所需的交通设施保障措施,为城市管理部门提供决策支撑。

基于现状城市基础设施和相关交通规划,提出"强公交、优道路、净货运、智交通"的交通策略,并在规划层面提出优化方案,在运营层面提出保障措施方案。

图9.2　中国摩项目鸟瞰图

项目总体思路为:从片区城市定位及城市发展角度,采取场景化的分析手段,结合项目开通初期、运营远期不同时期的客流需求,将游客交通量和城市交通量叠加,确定片区交通需求;结合现状交通设施供给情况,规划综合交通系统,确定近远期交通供给能力;评估需求及供给是否平衡,若存在矛盾,则进行系统性的交通优化,进而达到供需平衡。

9.2　项目挑战

9.2.1　项目定位挑战

保税港区(空港)是两路寸滩保税港区的组成部分,是中国(重庆)自由贸易试验区的核心,目前城市建设已进入"快速发展阶段"。中国摩项目的落户给片区发展带来了新的机会,也对城市功能、交通系统需求等提出了新的需求与挑战。

①随着中国摩项目的入驻,在主城区绕城高速外将形成新的城市公共功能区。项目的开业,将吸引大量的旅游交通客流。同时,项目周边居住区开发建设也会产生大量的日常通勤客流,导致在城市边缘区出现较大的城市出行需求。

②重庆铁路枢纽东环线木耳站兼具客货运功能。木耳站主要承担空港组团内工业园、物流园、保税围网区与其他组团的重要产业园区、物流枢纽站场之间的市内外货运需求,以及空港片区与周边片区的跨组团客运出行需求,对片区客货运交通运输、道路交通网络产生较大的影响。

③随着空港保税区重大基础设施建设和大型企业的进驻,片区进入新一轮加速开发建设状态,出行需求将逐步增大。居住用地主要分布于莲花、空港广场以及双凤桥组团,以公租房、普通居住小区为主,人流量较大;高峰通勤出行较多。

④大型公共服务设施已投入使用(或将投入使用),巴蜀常青藤学校已投入使用(学校以寄宿制管理为主,给学校周边片区的道路交通及静态交通带来新的要求和考验);未来 10 万 m² 国际医院也将逐步建成,特色综合性三级医院以老年护理、康养医疗的互动式产品为核心,交通量高峰时段出现在上午七点半至八点半,与城市早高峰交通重合,给与医院进出口衔接的道路及静态停车系统带来挑战。

⑤片区城市用地开发与交通系统建设不同步。居住区及商业地块即将运营,而片区路网建设滞后,周边交通网络不成体系,导致交通转换不便;受保税区围网区及现状路网结构限制,货运交通穿越居住区和学校片区,交通出行存在安全隐患。

9.2.2　交通供给挑战

通过对现状及规划用地、道路交通基础设施、公共交通设施等进行分析,判断片区交通系统的总体供给情况。

1)用地情况

(1)现状用地

以工业仓储、商业商务、交通枢纽用地及居住用地为主,处于大规模建设中。现状已开发用地主要集中于空港东路以东范围内,以笔电加工、物流、配套居住为主;在建用地主要包括空港东路沿线的中国摩、皓月小区、K 分区物流用地、围网内部工业用地,如图 9.3 所示。

(2)规划用地

片区以机场及保税港区空港功能区为依托,重点发展物流、商贸、科技研发等现代服务业,以及电子信息、汽车制造、生物医药等优势产业。片区包括木耳聚居区(主城区 21 个大型聚居区之一)、中国摩商住区(集大型游购商旅目的地、商业融合体中心、医疗、教育资源为一体的智慧康城)、木耳站物流区(重庆铁路东环线的客货运中间站

图 9.3　土地利用现状示意图

和物流中转站,航空、公路、铁路联运的重要组成部分,临空经济功能的重要依托)、围网区及临空片区(海关特殊监管区所在地,集加工贸易、保税物流、商品展示功能于一体,是两江新区对外开放的重要门户)。用地布局上,居住区位于片区西侧,工业物流区位于片区东侧和南侧,产业区和生活配套区以交通干道为界,产城界限分明,产业区将居住区从东南侧进行围合,形成"产业围城"的格局,如图 9.4 所示。

2)现状交通情况

(1)道路交通

周边高速路网已完全建成,包括绕城高速、渝邻高速,可实现片区的对外快速转换。片区对外联系主干通道基本形成"两横两纵"的骨架路网体系,"两横"即空港大道(东西向)及观月大道,均为两江新区空港组团东西向骨架干道,贯穿整个建成片区,承担相邻组团或片区之间的交通联系。"两纵"即空港大道(南北向)与空港东路,将绕城高速、江北机场、城区立体交通网络有机连接起来,成为临空都市区重要的交通主干线,如图 9.5 所示。

片区内部,受围网区和建设时序影响,次支路网断头路较多、连通性差、系统不完善,对外联系横向通道延展性不足,基本无分流功能,均需转换至两条南北向通道并汇

图 9.4　土地利用规划示意图

图 9.5　现状路网结构示意图

流至单个立交转换,导致片区对外交通集散能力较弱、节点交通压力大。

(2)轨道交通

中国摩项目紧邻轨道3号线北延伸段举人坝站,轨道3号线及北延伸段穿越主城区南北向5个区,是重要的南北走向轨道干线,可较好地实现与机场、商圈、火车站、南岸区的联系。北延伸段主要覆盖机场以北的空港地区,轨道交通对本项目的直接服务性好。但现状3号线以线路起点至机场方向为主线,北延伸段及空港线采用独立运营方式,运能有限,并需在碧津站进行同站内部换乘,发车间隔为10 min,导致出行体验感较差。从主线及空港线全天客流量级来看,空港线客流量明显大于主线客流量,运营方式与客流趋势不匹配,如图9.6所示。

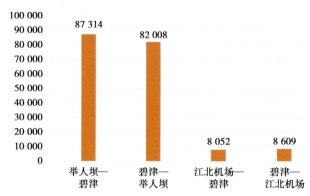

图9.6　轨道3号线全日断面客流量(人次/日)

(3)地面公交

片区仅设置了3条公交线路,项目周边无公交站点。片区公共交通可达性差、服务差,缺少对外联系公交服务,常规公交出行不便。

3)规划交通

(1)道路交通

片区对外通道资源丰富,规划对外通道主要包括绕城高速、渝邻高速、快速路六横线、快速路五纵线,形成"两横两纵"的高快速路网系统,便于快速衔接周边片区、大型交通吸引源等。片区内部路网形成"五横五纵"骨架路网体系,呈网格布局,片区路网密度基本合理。对外交通联系以南北向通道(空港大道、空港东路)为主,其中3条南北向干道交通量交汇于快速路五纵线节点处,转换压力较大,如图9.7所示。

(2)轨道交通

规划新增轨道14号线。轨道14号线为远景控制线,线路主要服务主城区北部组团间交通出行,与轨道3号线在举人坝站形成换乘站,未来向西服务木耳居住片区。结合线路数量、走向及辐射范围来看,片区未来的轨道交通服务能力有限。

(3)铁路枢纽东环线

铁路枢纽东环线分为主线及机场支线、黄茅坪支线。主线串联磨心坡、珞璜东港

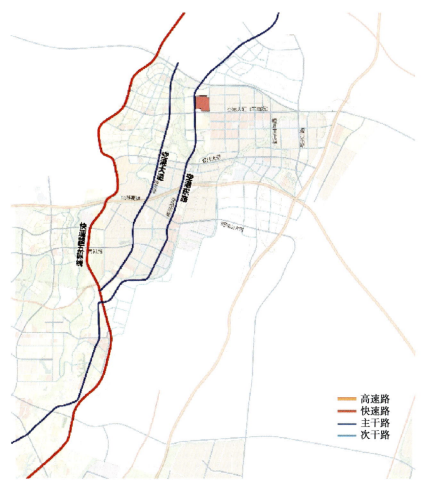

图 9.7　规划路网结构示意图

等多个货运港口、工业区,主要以货运功能为主,兼具客运功能;机场支线串联重庆北站、机场等大型客流聚集点。片区内设置古路站,该站点位于东环线主线。近期机场支线的运行方式为重庆北站至统景站方向运行,未经古路站,同时东环线主线古路站距离项目约 2.5 km,站点与项目的交通联系和换乘不畅。

　　总体来讲,片区现状道路结构不完整,对外通道单一,规划路网结构支撑性强,道路路网密度合理;现状轨道交通服务换乘不便,便利性较差,规划轨道交通服务范围有限;现状地面公交线路以片区内部为主,公共交通可达性低;铁路站点与项目联系不畅,带动作用弱。

9.2.3　交通需求特性

　　旅游交通出行链由三个部分构成:一是从客源地城市到景区所在城市的交通;二是

景区所在城市交通节点到旅游景区的交通;三是景区内部交通。在旅游交通的全过程出行链中,交通方式的选择具有不同的特点,对交通提出了系统性、时空性、体验性要求。

旅游交通以游客为主要服务对象,满足旅客在客源地与目的地之间的空间移动需求。旅游交通对交通方式具有特殊的要求,不仅包含了交通出行工具的大众性,还具有其自身的鲜明特性,主要表现为以下几个方面。

1)游览性

首先是游览性交通需求,需要快速实现客源地和目的地的联系,使游客在最短时间内到达旅游目的地,即"快达"。而进入目的地后,作为旅游项目本身,希望游客能够"漫游"。"快达"依托航空、铁路、高速公路等构建的"快达"交通网络;"慢游"则借助景区内部的风景道、慢行道等设施形成的"慢游"交通网络,如图 9.8 和图 9.9 所示。

图 9.8　旅游交通特性分析

图 9.9　旅游交通出行链

2）舒适性

对于市内交通，游客更注重交通方式的舒适性，因此旅游专线、观光巴士、高铁快车、机场快车等成为满足游客舒适度要求的重要选择。重庆市主城区现有25条观光公交巴士，包括13条常态化观光巴士、7条机场快车以及5条前往重庆北站南北广场及重庆西站的高铁快车，如表9.1所示。

表9.1 现状重庆市旅游巴士线路表

分类	序号	线路	起点	终点
观光巴士	1	T026	长江索道南站	两江汇观景台
	2	T040	南滨路长嘉汇	洪崖洞
	3	T072	南滨路长嘉汇	抗战遗址博物馆
	4	T073	南滨路弹子石老街	磁器口
	5	T001	朝天门九码头	朝天门九码头
	6	T002	磁器口	长江索道
	7	T003	磁器口	白公馆
	8	T006	香港城	大渡口古镇
	9	T009	中梁镇游客集散	蓝莓谷
	10	T033	重庆西站	磁器口
	11	T050	猫儿石	长江索道
	12	T480	解放碑（环线）	解放碑（环线）
	13	T041	解放碑（夜景线）	解放碑（夜景线）
高铁快车	14	G01	重庆西站	解放碑
	15	G02	重庆西站	重庆北站北广场
	16	G04	重庆北站北广场	解放碑
	17	G07	重庆西站	龙洲湾枢纽站
	18	G09	重庆西站	四公里枢纽站
机场快车	19	K01	T3航站楼	解放碑
	20	K02	T3航站楼	重庆北站北广场
	21	K03	T3航站楼	杨公桥
	22	K05	T3航站楼	四公里枢纽站
	23	K06	T3航站楼	重庆西站
	24	K07	T3航站楼	沙坪坝
	25	接驳线	T3航站楼	T2航站楼

3）波动性

游客的数量具有时间的波动性,随着季节、节假日、周末、工作日呈现出明显的变化。重庆目前的客源特征分析表明,10月是来渝游客的相对高峰期。

9.2.4　交通需求分析

1）客源生成

项目客源主要分为三个层面。第一类为市外客源,主要通过航空、高铁、高速公路实现。以重庆目前交通条件,依托高铁可实现2 h直达成都、贵阳,依托航空2 h直达武汉、长沙、昆明、兰州,3 h直达北京、上海、广州。第二类为市域客源,主要通过高铁、高速公路实现。高铁可实现2 h辐射全域,依托"三环十二射多联络"高速系统可便捷到达周边区县。第三类为主城客源,主要通过轨道、城市道路、城市公交快速到达,如图9.10所示。

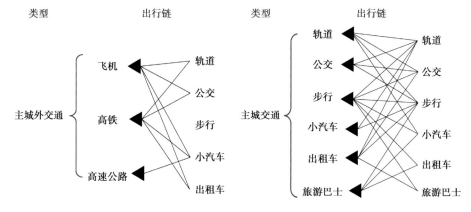

图9.10　项目游客出行链分析

项目客流主要包括观光客流、通勤客流、购物客流三类,特征出行场景包括工作日、周末、节假日。根据预测,项目全年客流量约800万人,节假日和周末日均客流约为工作日的1.8倍和1.5倍,极限客流约7.8万人次/日,早高峰客流占全日客流的24%~30%,晚高峰客流占全日客流的28%~35%,如表9.2所示。

表9.2　各场景下高峰小时客流量

客流	早高峰(万人次/h)	晚高峰(万人次/h)
工作日	1.04	1.21
周末	1.63	2.08
重大节假日	2.34	2.73

2）客流分布

项目以重庆主城及来渝旅游客流为主要目标客群,项目主要交通量分布方向为西南方向的主城客流,占比约 56%,如图 9.11 所示。市外客源吸引圈为成都、贵阳、武汉、长沙、北京、上海等。

图 9.11　项目主城区游客出行分布

3）交通方式划分

按照客源地与交通方式的不同,交通方式分为市内交通和市外交通两种场景。

市内交通主要采用小汽车、轨道交通、地面公交、出租车、步行及旅游大巴出行,节假日、周末、工作日会呈现出不同的交通方式比例,如表 9.3 所示。

表 9.3　市内全方式出行比例(%)

	出行方式	小汽车	公交车	轨道	出租车	步行	旅游大巴	合计
市内交通	重大节假日	35	15	22	7	8	13	100
	周末	40	12	23	5	9	11	100
	工作日	41	12	23	5	10	9	100

市外交通主要采用航空、铁路、高速公路出行,节假日、周末、工作日也呈现出不同的交通方式比例,如表 9.4 所示。

表9.4　市外客流交通方式比例(%)

	出行方式	航空	铁路—重庆北站	铁路—重庆西站	高速公路	合计
市外交通	重大节假日	20	33	20	27	100
	周末	18	35	20	27	100
	工作日	15	35	20	30	100

通过三种场景下全天车流流量、高峰小时车流量分析,项目全天极限车流约为17 300 pcu/d,早高峰极限车流约为5 200 pcu/h,晚高峰极限车流约为5 860 pcu/h。考虑重大节假日高峰流量具有集中性,本次研究选取重大节假日晚高峰的预测结果作为改善方案的基础。

表9.5　高峰小时项目产生交通量

高峰车流量 (pcu/h)	早高峰			晚高峰		
	主城	主城外	合计	主城	主城外	合计
重大节假日	3 160	2 030	5 200	3 560	2 290	5 860
周末	2 450	1 200	3 660	3 130	1 530	4 650
工作日	1 700	690	2 400	2 010	790	2 790

4)车流特征

根据同类型项目高峰时段车流的进出情况,推断本项目早高峰将集中于9点至12点进入,在各场景下,车流特征规律基本一致,10点至11点达到高峰;晚高峰集中于17点至20点离开,18点至19点达到高峰。进入客流与日常交通的早高峰存在错峰,晚高峰离开车流将与日常交通的晚高峰重叠。

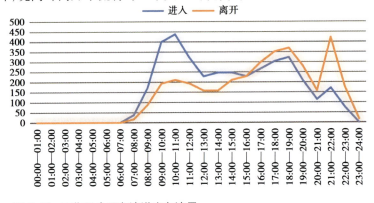

工作日:进入客流于早上8点逐渐开始,10点至11点之间达到高峰,晚高峰出现小高峰,离开客流相对分散,最高峰集中于晚上9点至10点

图9.12　工作日全天车流进出车流量

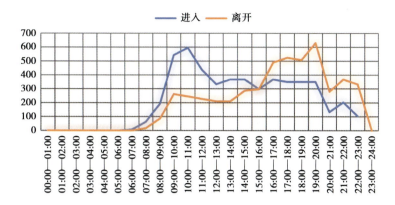

周末：进入客流高峰与工作日基本一致，其余时间客流相对平稳。离开客流最高峰集中于晚上7点至8点

图 9.13　周末全天车流进出车流量

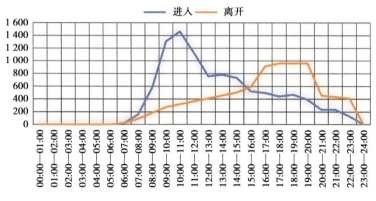

重大节假日：进入客流高峰与工作日、周末基本一致，离开客流高峰持续时段较长，集中于下午5点至9点

图 9.14　重大节假日全天车流进出车流量

9.3　项目目标

9.3.1　景区交通案例分析

1）美国摩

美国摩是全世界游客最多的目的地之一，项目位于美国明尼苏达州双子城区，建筑面积 39 万 m^2，是集旅游、娱乐、购物、零售为一体的主题娱乐购物中心，是购物与娱乐的"目的地景点"。交通安全、方便，90% 为客流来自 150 km 以外，通过小汽车、航空到达。项目年客流量约为 6 000 万人次，其中本地（布卢明顿、双城）客流约 440 万人

次,外地航空游客约 5 500 万人次。项目周边交通系统发达,毗邻国道与州际公路,距离机场仅 2 km,布局有 2 条轨道、10 条公交以及通往布卢明顿、圣保罗市中心的快巴线,并形成综合换乘中心。同时,项目规划有 33 000 个停车位,是全美最大的停车场。

图 9.15　美国摩周边交通设施配套示意图

2)上海迪士尼

上海迪士尼是中国内地首座迪士尼主题乐园。项目位于上海市浦东新区,占地面积 390 万 m²,道路交通便捷、公共交通完善、停车系统完备,项目日均客流量约 3.3 万人次/日,节假日客流量约 10 万人次/日。上海迪士尼东临南六公路,北接迎宾高速,西靠渝沪高速,道路交通便捷;轨道交通 11 号线可直达乐园,站点距园区约 790 m;乐园周边布局 2 个公交枢纽,西侧公交枢纽站需步行 10 min 达到乐园,南侧公交枢纽距离乐园约 1.5 km,需乘坐内部穿梭巴士至西公交枢纽站或公交接驳站,再步行到达;乐园提供 5 210 个停车泊位,其中大型车 330 个泊位,小型车 4 880 个泊位,停车场出入口距离检票口约 0.5 km。

3)贵州东方科幻谷

贵州东方科幻谷是世界首个科幻主题乐园,位于贵州省贵阳市,占地面积 133 万 m²,距离火车站 12 km,距离机场 3 km,首日客流量约 8 000 人次,节假日客流量约 9 000 人次。项目 1.3 km 处设置有 1 个客运枢纽,即贵阳龙洞堡汽车客运东站,暂无公

图 9.16　上海迪士尼周边交通设施配套示意图

交接驳线路;距离项目 700 m 处布局有轨道交通,处于在建阶段,预计 2025 年通车;项目周边设置有 9 条公交线路,服务周边重要人流集散点直达,如龙洞堡国际机场;停车需借助周边停车设施,有科幻谷停车场、路边停车、体育公园临时停车场。项目于 2018 年 4 月 29 日试运营,由于轨道交通建设不同步,公交未覆盖主要客流,且静态交通供给不足,项目运营 5 个月后停业至今。

图 9.17　贵州东方科幻谷周边交通设施配套示意图

9.3.2　项目启示

在美国小汽车交通模式背景下,私人机动化成为美国摩项目的交通主要出行首选,故项目配置了大量的停车位;上海迪士尼规划建设有便捷的道路交通、完善的公共交通和完备停车系统;而贵州东方科幻谷,在区位优势明显的前提下,由于轨道交通建设不同步、公交未覆盖主要客流、静态交通供给不足,项目运营仅5个月便暂停开放。

通过上述案例分析可见,在国内,构建与交通区位、空间形态、功能结构相适应的综合交通体系,已成为解决大型文化旅游城市综合体交通问题的重要措施。

1)强有力的公共交通支撑系统

公共交通能够迅速疏解景区瞬时大客流,是保障旅游景区交通整体服务水平的关键因素。城市公共交通应充分支撑景区的交通客流需求,与景区实现无缝衔接,并尽可能地减少步行换乘距离,节省公交方式游客的出行时间。

2)多方向的对外交通集散通道

四通八达的高速公路、国省道、城市干路网系统,为景区提供快速的连接通道。高效的集疏运体系需弥补空缺、填补薄弱,发挥通道的集散功能,提升景区的交通便捷度,增强通道的可达性。

3)完备的静态停车配套设施

考虑私人机动化出行方式的实际需求,应合理地对景区内车辆的停放进行规划,避免因景区内部停车位不足而产生停车交通干扰道路交通。同时,旅游景区停车设施规划的优劣,代表着旅游景区服务水平、发展水平和精神风貌,也是景区形象的重要体现。

4)一体化的交通衔接转换体系

道路交通、公共交通、静态交通、慢行交通与景区布局、出入口的便捷无缝衔接,是保证景区人流便捷组织的关键。各交通方式之间应根据其特性,发挥所长,实现景区的人行、车行交通的安全、高效运行。

9.4　实施策略

1)强公交:公共交通"先导先行"

公共交通是景区综合交通规划的核心,是处理好景区交通与城市交通关系的基础,也是景区交通可持续发展的保障。应充分发挥公共交通的优势,保障市域铁路、轨道交通、地面公交与片区及项目的衔接,提高公共交通可达性,实现公共交通先导先行。

2)优道路:基础设施"完善互联"

优道路是指完善路网结构,强化道路交通供给,保证重要功能片区交通联系,实现基础设施的互联互通。应对外完善通道架构,支撑片区互联需求;内部优化路网功能分级及结构,服务产业区、居住区、商业区功能需求。

3)净货运:片区环境"安全通畅"

片区正处于加速建设状态,产业发展存在大量的货运交通需求,同时片区内部景区、居住区、学校等项目投入使用后,有较强的客运交通需求。采取客货分离的原则来组织片区交通,可有效分流客流交通与货运交通,保障安全通畅的客货交通出行环境。

4)智交通:交通"可视、可测、可控"

高峰日的客流、车流规模及分布情况变化较快,应从快速响应、保障安全的角度出发,依托互联网、大数据、人工智能等新技术,保证景区交通"可视、可测、可控"。应建立景区客流数据收集系统、智能监控指挥中心及信息发布系统,通过智能化的交通管理,对景区的进出道路、停车场、各重要景点进行动态监控;提前确定车流、客流阈值,根据实际情况调整交通组织方案有效引导客流。

9.5 解决措施

9.5.1 近期交通提升

1)优化轨道运营模式

现状轨道交通 3 号线分为主线及空港线运行,主线为鱼洞站—江北机场站,空港线为碧津站—举人坝站。根据断面流量统计,主线机场段站点断面客流,约为空港线断面客流的 10%,如表 9.6 所示。为满足景区公共交通需求,匹配现状客流趋势,需优化既有轨道线路运营组织,提高轨道交通对主要客流来源和项目片区的交通服务。建议轨道线路运营组织模式调整方案为:3 号线鱼洞站—举人坝站调整为主要运行区段,3 号线碧津站—T2 航站楼站调整为机场专线。

表9.6　轨道交通断面流量情况

运行区间	空港主线段					机场段		
时间	运营模式	现状最大断面流量	2020年断面流量	项目运营初期轨道客流量	总合计	运营模式	现状最大断面流量	2020年断面流量
重大节假日	举人坝—鱼洞	5 149	5 304	6 211	11 514	碧津—机场	1 934	1 992
	鱼洞—举人坝	3 886	4 003	7 205	11 208	机场—碧津	1 377	1 419
周末	举人坝—鱼洞	4 291	4 420	4 330	8 750	碧津—机场	635	654
	鱼洞—举人坝	3 533	3 639	5 529	9 168	机场—碧津	731	753
工作日	举人坝—鱼洞	5 257	5 415	2 677	8 092	碧津—机场	1 758	1 811
	鱼洞—举人坝	5 559	5 726	3 118	8 843	机场—碧津	1 252	1 290

具体的运营模式有如下两个方案,如图9.18所示。

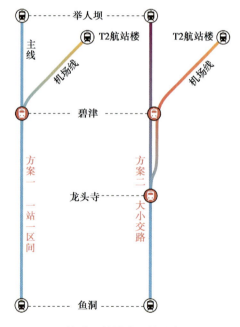

图9.18　轨道运营模式调整方案

（1）方式一

采取"一站一区间"的组织方式,仅开行碧津站—T2航站楼站线路。主线段结合各场景下的客流需求,确定发车间隔。其中节假日发车间隔为6 min 30 s,周末发车间隔为7 min 30 s,工作日发车间隔为8 min;机场段发车间隔时间为10 min,平峰可适当增长。本方案的优点在于可满足主要客流方向交通出行需求,且不影响机场段运行,不影响其他轨道线路发车间隔时间;而缺点在于机场专线段运营成本较高。

（2）方式二

采用大小交路运营的组织方式,龙头寺站—江北机场站、龙头寺站—举人坝站区间交替运行,发车间隔根据需求做调整。根据测算,龙头寺站—举人坝站区间的高峰最小发车间隔为 7 min 30 s,龙头寺站—机场站区间的高峰发车间隔为 10 min。本方案的优点在于满足交通出行需求,运营成本较低,避免出现空跑现象;缺点在于需优化调整城市轨道交通其他交路发车间隔时间。

2）开通旅游巴士

旅游景区存在瞬时高峰客流情况,经测算,景区与重要功能区公交联系需求为 56 辆/天,与火车站、机场等重要交通枢纽公交联系需求为 63 辆/天。建议在节假日及周末开通旅游巴士专线,提供覆盖机场、铁路、重要功能区的地面公共交通系统。旅游巴士起终点覆盖机场、火车站（重庆西站、重庆北站）、长途客运、解放碑、观音桥等重要功能区。旅游巴士线路尽量选择机场路、内环、包茂高速等快速通道,采用点对点运行模式,以保证“快达”,如图 9.19 所示。

图 9.19　旅游巴士线路布设图

3）强化地面公交系统

在现状地面公交线路布局基础上，增设并优化部分线路走线及站点布局，如图9.20所示，包括：

①延长部分公交线路，缩短公交线路发车间隔，提高公交覆盖率；

②优化片区内部公交支线，在原有观月小区公交专线基础上调整局部线路走向，串联景区、学校、医院、居住片区，提高片区公交覆盖范围；

③保障公交站点建设进度，结合项目周边市政交通基础建设进度，同步推进公交站点落位；

④推动公交场站建设，对部分社会停车场用地临时调整为公交首末站使用，同时新建公交首末站4处。

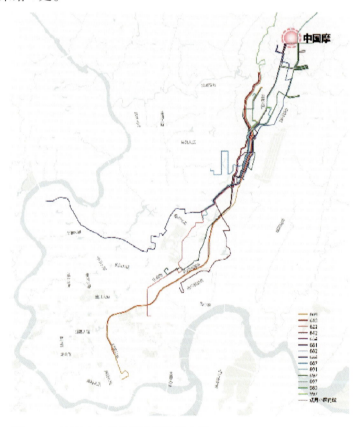

图9.20 地面公交系统线路调整示意图

4）增设重庆铁路枢纽东环线古路站接驳公交

拟在重庆铁路枢纽东环线古路站设置公共交通车接驳车。线路起于古路站，沿通宝路、南北大道至空港大道（东西线），止于项目，线路全长4 km，如图9.21所示。接驳巴士配置需求如表9.7所示。

图 9.21　重庆铁路枢纽东环线古路站接驳公交线路示意图

表 9.7　接驳巴士需求预测

高峰接驳巴士需求	早高峰(人次)	晚高峰(人次)	早高峰(辆)	晚高峰(辆)
重大节假日	638	778	16	20
周末	389	512	10	13
工作日	201	244	5	7

5)加快城市道路"九通道五节点"建设

加快"九通道五节点"建设,完善片区路网,保证项目道路交通可达性,如图 9.22 所示。

6)引入稳静态设计理念

项目周边布局有大量居住用地、5A 级景区、中小学等生活服务性用地。项目吸取国内外宁静交通的设计经验,主要从以下几方面着手,对部分服务性支路及交叉口进行稳静态交通处理,达到了降低车速、减小噪声、打造宁静交通环境的效果。

①居住区支路结合地形及用地呈自由式布局,以降低车速,增加行车安全。

②现状道路降低车速、减少噪声、划定禁货区。

③交叉口片区通过设置中分带、抬高交叉口车行路面高程等方式,降低车速、减小噪声,增大行人通行空间,营造稳静态交通出行环境。

④增设临时停车场,保证静态交通供给,避免景区瞬时客流引起的停车紧张现象。

图 9.22　外部道路与节点建设图

结合项目周边用地规划、建设计划,共新建 2 处停车场,如图 9.23 所示。

图 9.23　停车场规划示意图

7）明确货车通道,分离客货运交通

结合片区工业、物流仓储用地布局,划定周边货运干道布局,完善货运干道基础设施,支撑主要方向的货运交通需求,实现枢纽货运转换的高效快速,并与客运交通有效分离,提升片区交通品质,保证片区交通安全,如图9.24所示。

图9.24　片区货运交通组织图

8）完善智慧设施,打造智慧景区

打造景区智慧运维平台,实现以下智慧管控功能,包括:

①平台监控:实时监控景区周边及内部车辆及驾驶员状态,保障运行安全,运行数据接入大数据分析平台,各系统联动指挥调度。

②信息查询:通过手机或电子站牌获取景区人流、车流情况,为游客提供出行选择方式选择、出行时间预估,推荐最佳内外部旅游线路等功能。

③智能调度:结合景区热力数据及人流监控,预测极端人流状态启动应急预案,与公交、轨道、道路等系统实现联动调度。

④智慧停车:项目规划4 000个车位,通过该系统让驾驶员更方便地找到车位。驾驶员利用手机App、微信、支付宝,获取指定地点的停车场位置、车位空余信息、收费标准、是否可预订、是否有充电设施等服务,并实现预先支付、线上结账功能。

⑤智慧急救通道:形成120急救与122交警联动机制,120急救进驻交通指挥中

心,保障绿色通道开通更高效。加强交通管理措施,优化紧急出入口及周边道路交通组织,完善交通标志、标线、隔离设施等交通设施,加装行车、停车诱导显示屏,保障急救通道的畅通性。

9.5.2　中远期交通优化

中远期结合城市发展、交通变化情况,进一步优化完善片区综合交通系统建设,如图 9.25 所示。

图 9.25　中远期交通规划方案

1）促进铁路公交化服务

①加快重庆枢纽东环线及古路站建设。

②完善公轨接驳：古路站增加到项目及片区的公交线路，提高铁路对片区的服务能力。

③调整渝广城际线路走向：建议局部微调线路走向，部分与东环线共线后，经古路站，向北至广安，辐射周边区县及重庆高铁枢纽客源，带动木耳片区发展，古路站引入轨道交通，打造交通枢纽，实现"三铁"融合。

2）强化片区对外通道连通

①新增南北向交通通道，分流既有南北向干道压力。

②强化节点的通行能力，缓解重要节点交通压力。

9.6　项目实施计划

针对项目的交通优化提升措施，提出面向项目运行、指导实施的交通方案建设实施计划。

1）近期建设运营项目

以公共交通网络完善为主、道路交通建设为辅，初步形成内畅外达、便捷高效、绿色低碳的旅游交通体系。完善各种交通方式设施建设，提高客流、货流转换效率与便捷度，加强既有道路资源的有效管理，通过强化交通工程设计提高设施使用效率和可控性。

2）中远期建设运营项目

建立以大运量快速轨道交通为骨干、地面快速公交和普通公交为主体、其他公交方式为辅助、多种方式并存且有效衔接的客运交通系统，分级组织外部交通和内部交通。

9.7　项目总结

城市景区交通项目是集旅游、休闲度假、居住、商业等多种需求为一体的复杂项目,其选址与空间区位、城市功能、基础设施条件、生态环境本底等息息相关。好的选址有利于实现片区土地利用的高效集约,促进片区经济社会发展。对于城市型旅游景区,考虑其特殊定位与客流需求,需提供一站式旅游度假休闲服务,所以交通问题尤为重要。需统筹考虑旅游交通特征与城市交通运行状况的叠合关系,针对特殊场景,提供定制化交通规划设计解决方案。其中,充分发挥城市公共交通的疏解功能,有序组织进出交通及合理安排停车交通及预控应急交通方案,是该类型项目的主要交通解决对策。

第10章 轨道公交一体化衔接设计

公共交通一体化是一个"动态的过程",城市发展和新的交通需求对公共交通系统不断提出新要求;同时,公共交通系统内部的复杂性,也要求不断地对交通资源要素进行优化组织,以形成公共交通要素的最优组合,从而达到公共交通一体化的目的。

10.1 重庆轨道公交一体化提升背景

随着经济社会的快速发展,人民群众对公共交通的出行需求发生了结构性变化。小汽车大量进入普通家庭,居民个性化出行大幅增加,互联网与交通深度融合,预约出行、网约租车出行也成为新时尚,这些都对重庆公共交通系统造成了一定冲击。

10.1.1 公共交通系统吸引力下降

目前,重庆中心城区已运营轨道线路出现高峰拥挤、部分轨道站点与公交站点换乘接驳不便、公交站点候车环境差、公交轨道运营时间不吻合等问题,造成公共交通系统服务质量和品质下滑,吸引力不足;而部分公交客流向私人机动化方式转移,使道路交通状况进一步恶化,形成恶性循环,公交轨道的协同发展受到制约。

10.1.2 公轨接驳设施一体化融合尚待加强

现状换乘接驳设施一体化深度融合仍显不足。中心城区已运营轨道车站中仍有部分车站没有公交停靠站和线路进行接驳,或接驳距离在100 m以上；老城区提供接驳服务的公交站点主要以划线式停靠站为主，港湾式停靠站设置率不足40%。除去综合交通换乘枢纽，中心城区已建成公交站场（含首末站）中，只有以大竹林公交站场为代表的少量公交站场实现了与轨道车站无缝接驳，部分客流集中轨道站点近距离范围内无公交站场或首末站提供接驳服务，仅依靠中途停靠公交站进行接驳，接驳设施供给能力不足；部分轨道站点与周边接驳公交站场或首末站建设时序不同步，运营服务存在时间差。

10.1.3 "最后一公里"出行不便

居民出行调查结果显示，重庆中心城区轨道乘客两端步行时间约20 min，占到总出行时间的37%，站点"最后一公里"距离远、换乘不便是乘客普遍反映的问题。部分轨道站点存在周边无港湾式停靠站接驳现象，或因道路条件差、社区内无公交首末站等原因导致穿梭巴士开行不畅，乘客"最后一公里"出行不便。

10.2 实现目标

群众对高品质出行需求的升级，要求公共交通出行服务必须更加便捷、舒适，各种交通方式必须更加注重一体化融合发展。为实现轨道交通引领城市发展格局，提升公共交通服务水平，深化轨道与其他交通方式无缝换乘以及与周边开发建设之间的有机衔接，重庆中心城区针对已开通运营及在建轨道站点进行地面公交站点换乘设施整体提升规划，旨在整体提升公共交通系统的出行品质和吸引力，提高市民公共交通出行的幸福感、获得感。

10.2.1 拉近公轨距离

拉近公交车站和轨道出入口的距离，对接驳距离较远且具备优化调整空间的公交站点进行站位调整，缩短乘客换乘时间。

10.2.2 改善接驳条件

改善公交停靠站接驳条件，对具备改造条件的划线式公交站进行港湾式改造，推进轨道站点周边接驳公交首末站的规划及建设工作。

10.2.3　填补服务空白

科学调整运力,着力解决轨道服务空白区、薄弱区的线路覆盖,以及公交、轨道末端节点与居住区的接驳问题,更好地满足市民"最后一公里"出行和快速换乘的需求。

10.2.4　提升环境品质

提升公共交通站点出行环境品质,增加人性化接驳设施,改善步行环境,轨道站点出入口至接驳公交站增设风雨连廊设施。

10.3　公轨接驳一体化实施重点

轨道站点接驳设施一体化的出发点是实现公共交通系统覆盖范围的最大化。因为一体化规划和实施具有一定的超前性,所以结合轨道线路走向和城市空间布局以及土地利用现状,对轨道沿线区域进行划分,城市中心区和外围区的一体化接驳设施实施重点有所差异。

10.3.1　城市中心区域实施重点

城市中心区域为城市发展成熟区,其轨道交通走廊内通常存在多条公交线路,且公交与轨道线路的重复系数高。轨道站点的公交配套规划应以线路优化调整、公交站港优化改造为主。公交线路的布设应以满足不同需求的乘客出行和对公交线网整体进行加密为目的,线路以优化和调整为主,而非简单地删减,公交站点的优化和改造要与用地条件、居民既有出行习惯相协调。

10.3.2　城市外围区域实施重点

城市外围区域多为城市基本建成区或待开发区,轨道线路未成网络,轨道交通走廊内公交线路较少,重复系数较低,二者存在着较强的互补性。轨道站点的公交配套规划应以配合轨道线路接运客流和组建骨干公交网络为主,可以通过布设与轨道交通线路相交叉的公交线路,以增强系统的换乘和接驳性,共同起到引导城市发展和城市空间拓展的作用。

10.4 轨道站点服务覆盖范围划定

10.4.1 传统轨道站点服务范围分析方法

传统轨道站点服务覆盖范围的分析方法,在轨道交通服务能力分析中缺少对居民使用特征的内容分析,研究内容的片面性较大,分析方法较为粗略;且主要局限于传统的公共交通供给评价与站点服务半径理论,主观性大,未考虑到实际道路通行条件、居民出行需求及地形条件等因素,所以分析结果的真实度不高,实际指导意义不大。

如图 10.1 所示是以轨道站点中心确定服务半径的传统分析方法,以轨道站点中心为圆心,500~800 m 半径范围内为轨道站点服务覆盖分析范围。

如图 10.2 所示是以轨道站点出入口为中心确定服务半径的传统分析方法,以轨道站点出入口为圆心,500~800 m 半径范围内为轨道站点服务覆盖分析范围。

图 10.1 以轨道站点中心确定服务半径的传统分析方法

图 10.2 以轨道站点出入口为中心确定服务半径的传统分析方法

10.4.2　山地城市典型轨道站点服务范围案例

从对中心城区已开通运营以及近期将建成的重要轨道站对外衔接系统来看,车站可达性(表征服务覆盖范围)是影响轨道车站进出站客流的重要因素。通过对比各站点 10 min 步行可达性,可总结出影响可达性的主要影响因素有车站埋深深度、出入口的布局与数量、周边路网密度与级配。

1)地形限制型站点

以铜元局站为例,如图 10.3、图 10.4 所示。铜元局站位于大型立交区域,站点半径 200 m 范围内无衔接道路,车站站体与周边用地高差大。受地形高差影响,站点的实际覆盖服务范围并不是以站点为中心的 500~800 m 半径范围。

图 10.3　铜元局轨道站位及周边用地高差

图 10.4　铜元局站可达性步行时间

2）路网可达性限制型站点

出入口布局与数量是影响轨道车站 5 min 可达性的重要因素，出入口越多，可达性越好。同时，轨道出入口周边路网密度、道路级配、干路分隔是影响车站 10 min 可达性的重要因素。

以红旗河沟站和光电园站为例，如图 10.5 所示，红旗河沟轨道站点 500 m 范围内的路网密度为 9.76 km/km²，路网密度较高；快速路：主干路：次干路：支路的道路比例为 1：1.29：0.16：5.49，次干路明显缺乏；除南北向红锦大道及东西向红黄路外无其余结构性通道，道路系统性较差，乘客出行绕行距离较远，便捷性差。而光电园轨道站，站点 500 m 范围内路网密度为 9.67 km/km²，路网密度较高，各等级道路比例为 1：1：7.67：7.35；支路系统发达，出行便捷性相对较好。

（a）红旗河沟　　　　　　　　　　　　　　　　（b）光电园

图 10.5　车站可达性对比示意图

10.4.3　基于 GIS 的轨道站点实际服务范围分析

通过构建轨道站点 GIS 评估工具，来匹配分析轨道站点各出入口乘客的来源空间分布。以轨道站真实服务的人群分布判别其实际服务范围，通过慢行路径的匹配，可视化分析轨道站周边乘客的步行距离、步行时间以及不同道路的使用人数，从而指导轨道站接驳设施的改善方案。

如图 10.6 所示，结合轨道站点周边路网结构，以轨道站点各出入口为圆心，500～800 m 不规则步行路径围合区域为轨道站点服务覆盖范围。

如图 10.7 所示，利用现状居住人口分布热力图识别居住人口聚集区及通勤交通需求方向，判断重点接驳轨道站点出入口。

如图 10.8 所示，利用现状岗位人口分布热力图识别大型公建设施人口聚集区及交通需求方向，判断重点接驳轨道站点出入口。

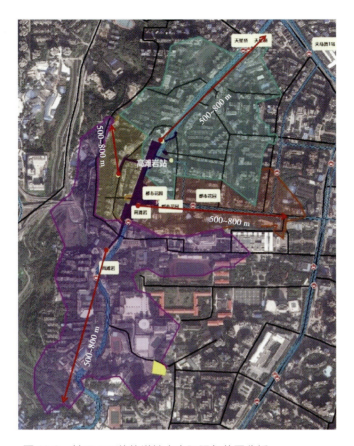

图 10.6　基于 GIS 的轨道站点实际服务范围分析

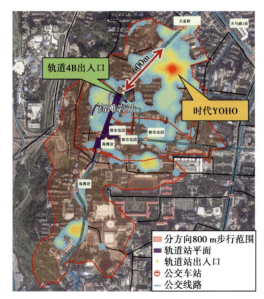

图 10.7　现状居住人口分布热力图

图 10.8　现状岗位人口分布热力图

10.5 轨道站点公交接驳线路优化

公共交通一体化规划的关键首先是地面公交线路的优化。随着轨道交通的不断规划与建设,轨道交通与地面公交之间关系将呈现出竞争、衔接、融合等多个阶段。某条轨道建成后,主线路走向势必与公交线路产生部分重合,同时由于换乘优惠政策的实施,轨道沿线周边将会产生大量的换乘节点,公交客流分布会发生一定的变化。因此,有必要对轨道线路周边的现状公交线路进行优化,还需要对轨道车站周边的接驳公交线路进行规划,最大化地拓展公共交通的服务范围。

10.5.1 公交轨道协同发展受限案例

重庆茶园片区已开通运营轨道交通 6 号线,设茶园、邱家湾、长生桥、刘家坪 4 个站点。片区内已开行公交线路 34 条,公交停靠站 126 处,如图 10.9 所示。站点 300 m 服务覆盖率约 79%,投入公交车辆 251 台,其中穿梭巴士车辆 20 台。茶园站接驳公交线路 7 条,邱家湾站接驳公交线路 5 条,长生桥接驳公交线路 6 条,刘家坪站接驳公交线路 4 条。

由于轨道站点接驳公交线路存在服务空白及接驳能力不足问题,片区内轨道刘家坪站、邱家湾站、茶园站周边违法营运黑车现象突出,公共交通站点出行环境品质较差。深入剖析其成因,主要是下面三个方面的问题。

• 症结 1:收班时间过早,与通勤时间不匹配,导致时间上"最后一公里"出行困难。区域内现状开行公交线路最晚收班是 22:40(仅 158 路),大多线路开收班时间在 6:30—17:30。茶园片区通勤出行的居民在南岸区及更远区域活动,晚高峰轨道出行通勤时间主要分布在晚上 17:30—18:30,乘客下班乘坐轨道交通到达茶园片区时,公交车大多已经收班,导致乘客无公交车可坐,滋生出违法黑车乱象。

• 症结 2:接驳公交服务覆盖不足,人口密集的大型居住小区、学校、医院、工业区未实现全覆盖,空间上"最后一公里"出行困难。以轨道 6 号线刘家坪站为例,如图 10.11 所示,轨道站点出站客流去向以迎龙镇方向为主,而迎龙方向接驳公交线路数量不足,现状刘家坪站至迎龙接驳公交线路仅 131 路,区域内至迎龙方向 179 路未能接驳刘家坪站,导致大量乘客选择乘坐黑车前往迎龙。此外,建成区公交 300 m 站点覆盖率仅为 79%,茶园大道以北整体开发程度低,公交服务覆盖较差,而茶园大道以南建成区内,仍有中铁万国城、鸿笙苑、中交漫山、鲁能领秀城、江南水岸公租房、区府等人口密集区存在公交覆盖盲区,如图 10.12 所示。

图 10.9　茶园片区现状公共交通线路布局

图 10.10　轨道 6 号线刘家坪站附近非法运营车辆实景照片

图 10.11 茶园片区内迎龙方向公交线路走向

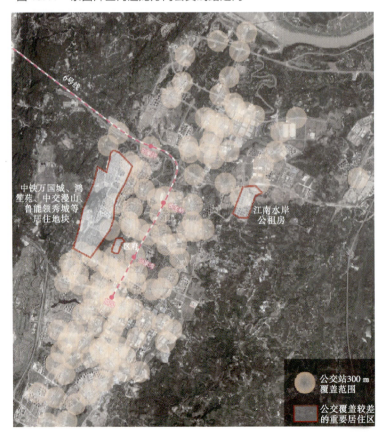

图 10.12 茶园片区现状公交站点 300 m 服务半径覆盖情况

●症结 3:公交运力不足,运力供不应求,导致候车时间过长,乘车体验感差。如表 10.1 所示,区域内公交线路运力配置不足,76%的线路车辆配置数在 10 辆以下,仅 158 路、178 路运力配置较高,但仍呈现供不应求的态势。

表 10.1　茶园片区公交线路运力情况

序号	运力配置 Y(辆)	线路数量(条)	占比(%)	路号
1	$Y>20$	2	6%	158/178 路
2	$10<Y\leq20$	6	19	172/179/180/188/396/398 路
3	$5<Y\leq10$	5	16	130/159/345/389/392 路
4	$Y\leq5$	19	59	100/101/102/112/122/131/136/140/142/143/144/155/156/157/160/175/184/377/390 路
	合计	32	100	

10.5.2　轨道站点接驳公交覆盖性优化

构筑以"轨道交通与干线公交为骨干,常规公交为主体,接驳公交和定制公交为补充"的多模式、多层次、一体化的公共交通网络。层次化的公共交通网络系统既能避免不同公共交通方式的恶性竞争、浪费资源,又能保证不同公共交通方式之间相互培育客源,形成一体化的公共交通服务系统。

对于轨道沿线公交线路的优化,重点针对接驳公交进行覆盖性线路调整,以增加线路的覆盖范围为目标,通过调整线路来填补公交服务空白区或加强公交服务薄弱区,如图 10.13 所示。

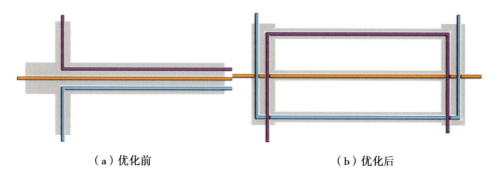

（a）优化前　　　　　　　　　　（b）优化后

图 10.13　覆盖性线路调整示意图

●空间上,加密接驳公交线路。主要沿次干路、支路布设,以连接客流集散点为主,以公交、轨道无缝换乘设施为基础节点,为轨道交通和社区公交出行提供接驳,减少公交盲点,满足居民公交出行"最后一公里"需求,填补组团内居民区的公交空白,如图 10.14 所示。

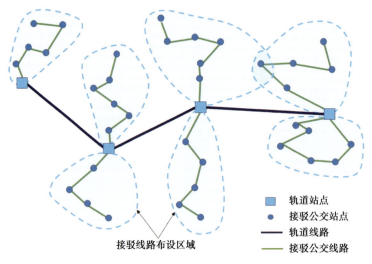

图 10.14　接驳公交布设示意图

●时间上,结合轨道交通运营时间,调整公交开收班时间,实现公轨运营时间一体化。

●运力上,结合轨道站点与周边人口密集的居住小区、学校、医院、工业区之间的交通出行需求,合理配置运力,优化发车班次,降低乘客等待时间,提高乘车舒适度。

10.5.3　接驳公交覆盖性优化实施方案示例

以茶园片区接驳公交线路优化方案为例,如图 10.15、图 10.16 所示,目前片区内部公交轨道接驳问题主要表现在:

①规划轨道 8 号线通江大道东侧区域存在轨道覆盖空白区域,重庆东站—丁香路站区间、学知路(如重医附二院)区域轨道站点覆盖率不足。

②轨道交通 24 号线沿线富源大道西侧规划商住区轨道服务空白。

③区域内部主要人口聚居区大部分集中分布在远景轨道线路 20 号线沿线走廊,近中期长生聚居区、茶园商业区中心区、峡口聚居区缺乏骨干公共交通线路服务。

片区内整体缺乏轨道站点接驳公交网络,基本没有接驳公交线路与人口聚居区联系。片区内有现状穿梭巴士线路 6 条,与轨道站点接驳的穿梭巴士线路仅 2 条。其中,112 路由刘家坪站接驳至北侧工业园区,122 路由雷家坡至恒大同景,途经茶园轨道站,且线路走向与实际接驳需求方向不符。

针对片区轨道站点接驳公交线路进行覆盖性优化,分别从时间、空间、运力三个方

图 10.15　茶园现状人口聚集区及规划轨道线网服务空白区域

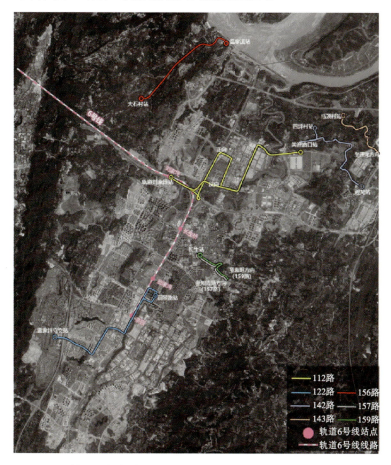

图 10.16　茶园现状穿梭巴士线路走向

面,提出"增覆盖、填空白、增功能、提服务、投运能"的针对性优化调整方案,逐步实现公交服务全覆盖,改善乘客乘车体验,提升公共交通出行品质,如图 10.17、图 10.18、表10.2、表 10.3 所示。

图 10.17 公交线路走向调整方案

图 10.18 茶园轨道站点新增接驳公交线路走向

表 10.2　茶园片区新增接驳公交线路方案

项目	茶园站	长生桥站	刘家坪站		
新增线路	线路 1	线路 2	线路 3	线路 4	线路 5
投入车辆（辆）	4	6	4	3	6
线路长度（km）	5.3	6.9	5.8	3.8	6.6
起终点	长电路 3 站—轨道茶园站	江南医院—同景路	中铁万国城—奥园跃时代	中交漫山—刘家坪	江南水岸—江南医院
开收班时间	6：30—19：30	6：30—20：00	6：30—20：30	6：30—21：00	6：30—20：30
班次间隔（min）	7~12	7~10	7~10	7~10	7~10
覆盖区域	茶园工业园	同景国际城 中铁山水 江南医院	中铁万国城 鸿笙苑 奥园跃时代	中交漫山 鲁能领秀城 城南家园	江南水岸 天文大道 北段以西

表 10.3　茶园片区公交线路运力调整方案

轨道站	调整线路	现有设备车（辆）	增加配车（辆）	调整前班次间隔（min）	调整后班次间隔（min）
茶园站	144	5	1	20	15
	178	26	2	5	4
	180	14	2	10	8
	396	18	7	6	3
	392	8	2	定时班车	15
	122	3	2	18	10
邱家湾站	100	3	2	17	10
	102	3	2	定时班车	10
	178	26	4	5	4
	396	18	7	6	3
	392	8	2	定时班车	15

续表

轨道站	调整线路	现有设备车（辆）	增加配车（辆）	调整前班次间隔（min）	调整后班次间隔（min）
长生桥站	101	3	5	8	3
	140	4	2	18	10
	176	10	4	10	5
刘家坪站	112	4	1	18	12
	130	9	3	8	5

10.6　轨道站点接驳公交停靠站设置

公交停靠站承担着客流集散以及与其他交通方式接驳的功能,对于公共交通服务的便捷度和舒适度有着直接的影响。在公共交通一体化规划中,需同步对公交停靠站的布设进行优化,尤其是轨道车站周边的公交站点。

10.6.1　公轨换乘距离体验案例

对轨道红旗河沟站、加州站、二塘站的公交接驳情况进行现场体验。从体感上讲,步行换乘距离大于 100 m 时,心理感受上会判定公交站点与轨道站点不属于同一站位的接驳系统;步行距离在 30~100 m 时,乘客步行距离在可承受心理范围内,但与"零"距离换乘有一定差距;步行距离在 30 m 内时,换乘体验感较好,可真正称为"零"距离换乘。

例如,红旗河沟轨道站(图 10.19)出入口与公交站点换乘距离为 180~260 m,乘客从轨道出入口到达公交站点步行时间需要 3~5 min,乘客步行体验感知距离较远。

加州路轨道站(图 10.20)1 号、2 号出入口与公交站点换乘距离为 60~80 m,乘客从轨道出入口到达公交站点步行时间需要 1 min,步行体验感知距离略远;3A、3B 出入口与公交站点换乘距离为 25 m,步行时间 30 s 以内,乘客步行体验感较好。

金童路轨道站(图 10.21)出入口与金童路公交站点换乘距离为 10 m,乘客从轨道出入口到达公交站点步行时间需要 10 s 以内;与汽博公交站换乘距离为 180 m,乘客步行换乘时间需要 4 min,乘客步行体验感知距离较远。

图 10.19　红旗河沟轨道站公交衔接示意图

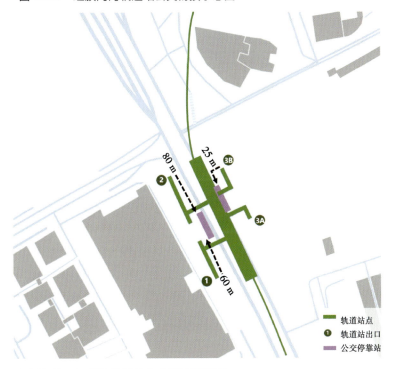

图 10.20　加州路轨道站公交衔接示意图

图 10.21　金童路轨道站公交衔接示意图

10.6.2　轨道站点接驳公交停靠站优化

公交停靠站应与轨道出入口直接接驳,步行空间要重点体现"零"距离换乘的理念。

①与轨道站的距离:如图 10.22 至图 10.24 所示,公交停靠站以渐变段起点算,距轨道交通车站出入口宜控制在 0~50 m 范围内(若轨道站厅至轨道出入口缓冲段过短,则公交停靠站与轨道出入口的距离宜控制在 15~50 m 范围内),困难情况下不宜大于 100 m。

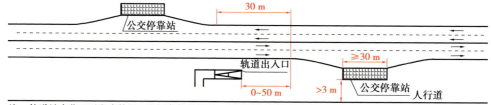

注:轨道站点位于开发成熟区,空间条件受限时,可适当调整距离要求。

图 10.22　轨道站点接驳公交停靠站设置示意图

②与对向公交站的距离:对向设置的公交停靠港以渐变段起点算,应朝车辆前进方向错位 30 m 设置;在已建成区,设置条件受限时,可适当缩减距离。

③站点形式:尽可能采用港湾式停靠站,对直线式公交停靠站进行港湾式改造,已建成区用地条件受限时,可以采用直线式公交停靠站;在道路条件及用地条件允许情况下,大客流站点考虑设置深港湾公交停靠站(图 10.25),可作为简易型公交待车点或首末站。

图 10.23　地下轨道站点与公交停靠点无缝换乘示意图

图 10.24　高架轨道站点与公交停靠点无缝换乘示意图

图 10.25　深港湾公交停靠站效果图

10.6.3　接驳公交港湾站尺寸设置

对应于不同规范要求,公交港湾停靠站渐变段长度设置有"不小于 30 m"或"宜大于 15 m"的不同要求。结合车辆行驶轨迹以及用地情况,接驳公交港湾停靠站应按照"既安全又节约"的原则进行建设。

项目采用车长 12 m、轮距 6.1 m、车宽 2.55 m 的标准公交车型进行公交车辆进出站港车行轨迹仿真模拟,提出满足规范要求、符合车辆行驶轨迹、节约用地空间的停靠站尺寸建议,如图 10.26、图 10.27 所示。具体如下:

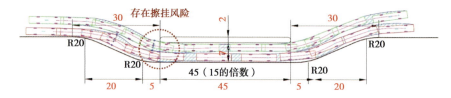

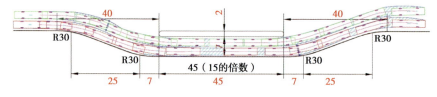

图 10.26　深港湾停靠站公交车进出模拟图

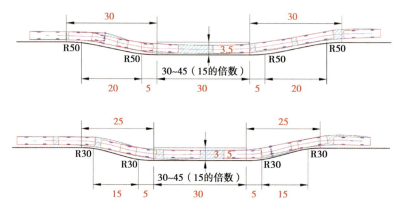

图 10.27　浅港湾停靠站公交车进出模拟图

①有隔离港湾式停靠站,主要适用于主干道及以上道路,渐变段单边长度宜为 40 m。

②无隔离港湾式停靠站,主要适用于次干路及以下道路,或主干道宽度条件受限时,渐变段单边长度宜为 25 m。

10.6.4　公交站点人性化接驳设施

根据公轨换乘环境满意度调查结果（图 10.28），在轨道与公交步行换乘环境中，乘客反映最突出的问题是绕行距离远、缺少便捷的过街或步行设施。其次就是对于改善步行环境的诉求，包括增加遮阴避雨设施、清理人行道占道停车、提高过街安全设施等。

图 10.28　公轨换乘环境满意度调查结果

对公交停靠站或立体过街设施一端与轨道出入口在道路同侧且与距离小于100 m的情况下，通过改造或者新建，对轨道站点与常规公交换乘点增加风雨连廊（图10.29）；对用地较为富余的换乘站，根据需求新增各类便民服务设施，改善公轨换乘出行环境品质，提升公共交通服务质量。

图 10.29　国外城市轨道站点风雨连廊设置实例

①新增地下轨道站点与公交站点的风雨连廊：以茶园片区邱家湾站示例，轨道2号出入口及4号出入口与公交站点接驳，衔接距离50~70 m，结合人行道铺装和绿化景观，新增2处风雨连廊（图10.30—图10.32）。

图10.30　邱家湾站周边风雨连廊布置方案示意图

图10.31　邱家湾站风雨连廊俯瞰效果图

图 10.32　邱家湾站风雨连廊人视效果图

　　②新增高架轨道站点与公交站点的风雨连廊：以茶园片区刘家坪站为例，轨道 1 号出入口及 2 号出入口与公交站点接驳，衔接距离 40 m，人行道沿线无行道树，架设风雨连廊条件较好，新增 2 处风雨连廊（图 10.33—图 10.35）。

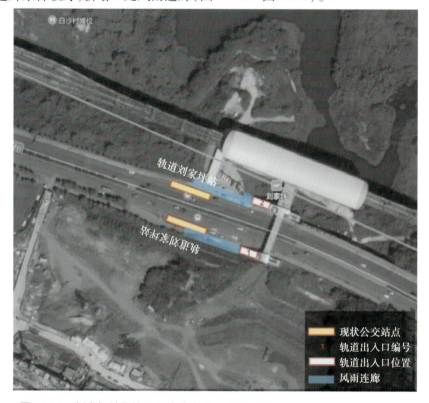

图 10.33　刘家坪站周边风雨连廊布置方案示意图

图 10.34　刘家坪站风雨连廊俯瞰效果图

图 10.35　刘家坪站风雨连廊人视效果图

10.6.5　接驳公交站点改造实施方案实例

以杨家坪站接驳公交停靠站改造方案为例,如图 10.36 和图 10.37 所示。轨道杨家坪站北侧紧邻杨家坪步行商业区,周边无接驳公交站场用地,B 出入口接驳杨家坪西郊(南行)站具有首末站功能,A、B 出入口公交接驳距离在 150 m 以上,乘客公轨换乘步行时间 3~5 min,且存在接驳阻碍。

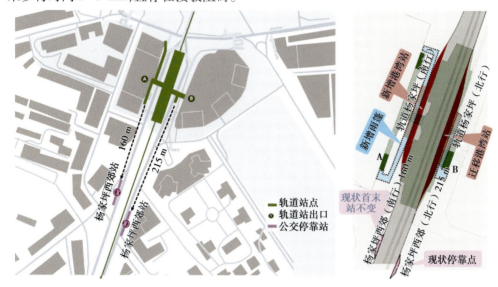

图 10.36　杨家坪站接驳公交站点现状及改造示意图

图 10.37　杨家坪站 A 口改善前实景图与改善后效果图

为更好地实现无缝换乘目标、提高换乘舒适度,结合现状用地条件,保留杨家坪西郊(南行)站首末站功能,维持现状;在 A 口新增接驳公交停靠站,杨家坪西郊(北行)迁移至轨道站 B 口下方,实现无缝衔接;在轨道出入口处增设风雨连廊换乘设施,为行人提供安全、舒适的通行环境。

10.7　接驳公交站场及首末站设置

重庆中心城区由于缺少非机动车交通方式,公共交通是现阶段解决"最后一公里"交通的主导方式。通过增设轨道站点出入口接驳的公交站场或首末站,可保障公交车辆调度停放与换乘客流的疏散,能有效改善"最后一公里"出行问题。

10.7.1　轨道接驳公交站场及首末站设置

目前,主城区公交站场供给能力有限,部分区域接驳轨道站点的公交站场和首末站仍存在缺口,公交站场及首末站与轨道未能同步建设,服务轨道沿线片区能力不足。

在轨道公交一体化设计中,应充分重视轨道站点周边接驳公交站场的规划和建设,落实规划确定的公共交通站场设施用地以及配套交通设施,尤其是轨道、公交接驳场站用地。原则上在两条轨道线路相交的站点设置一体化换乘首末站;三条轨道相交站点设置一体化换乘枢纽站。

轨道站点出入口应能够直接接入公交站场或公交首末站站场区,步行空间要重点体现专用与优先的理念。如图 10.38 至图 10.40 所示,公交站场或首末站地块宜紧邻轨道站点布设,步行距离一般不宜大于 100 m,困难条件下应不大于 200 m,枢纽站场地块应考虑至少两面临道路,以便于地块车辆进出组织。当配置公交枢纽站或首末站的用地条件困难时,应至少设置接驳线路首末站或待车区,面积不宜小于 1 000 m²。

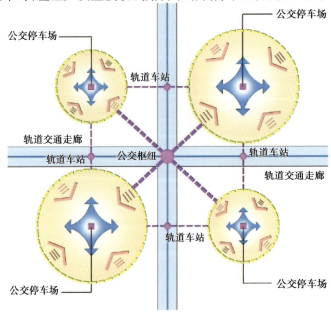

图 10.38　轨道接驳公交站场及首末站布局示意图

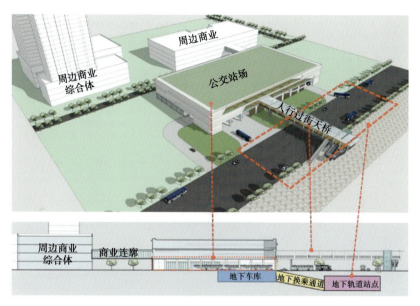

图 10.39　地下轨道站点与公交站场无缝换乘示意图

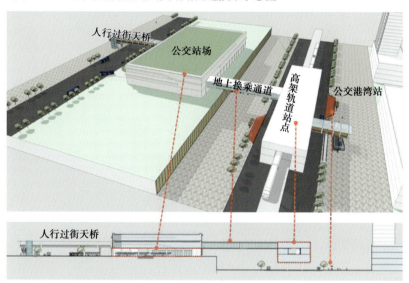

图 10.40　高架轨道站点与公交站场换乘示意图

10.7.2　轨道接驳公交首末站实施实例

以轨道华新街站为例,如图 10.41、图 10.42 所示,现状华新街站已规划控制公共交通设施用地,占地面积约 10 000 m²,其中轨道设施已占用 4 122 m²。地块位于轨道 3 号线华新街站 2 号出入口旁建新南路上,交通较为便利,周边多为绿地。

规划方案如图 10.43—图 10.44 所示,利用高差分层设置接驳公交首末站,将地面

图 10.41　轨道 3 号线华新街站接驳首末站现状用地图

图 10.42　轨道 3 号线华新街 1 号出入口照片

层原地块作为公交车辆上下客区,在南侧地块布设公园绿地。地下一层作为公交车辆停车区和便民服务设施;地下二层作为公交夜间停车区。规划方案在实现公轨无缝接驳的同时,也为周边居民乘坐公交提供了便利。

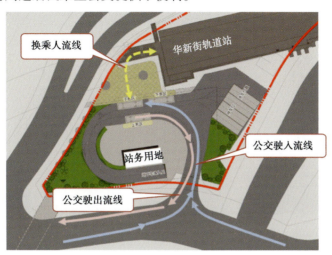

图 10.43　轨道 3 号线华新街站接驳首末站人流车流动线图

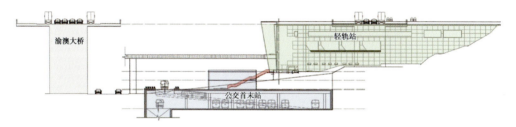

图 10.44　轨道 3 号线华新街站体与周边设施剖面图

　　在轨道周边公交站场或首末站用地无法落实又有较大公交换乘需求的站点,可以结合轨道站点周边接驳公交站点,或考虑占用部分公园绿地、防护绿地,通过设置公交港湾站或改造深港湾停靠站的方式,设置小型首末站或公交待停区,以实现公交始发功能,实现"车等人",提高公交"最后一公里"服务水平。

　　以铜元局轨道站为例,现状 3 条出入口通道进出铜元局站,2 号出入口进出需求较大,但通道长、高差大,缺乏公交衔接,周边黑车现象突出。项目提出在高架桥下方防护绿地规划设置小型公交首末站方案,服务铜元局轨道站点,提供穿梭巴士线路接驳服务,如图 10.45、图 10.46 所示。

图 10.45　铜元局轨道站与周边衔接情况

图 10.46　铜元局轨道站新增公交首末站建议

10.8　项目总结

　　轨道公交一体化是实现高品质公共交通出行的关键环节。从广义的公共交通一体化概念来讲,轨道公交一体化就是通过建立协调合作机制,打破地块、行政和部门界限,对轨道站点区域的公共交通资源要素进行科学合理的统筹安排,实现资源的整合优化。通过实现轨道交通与常规公交系统布局的一体化统筹,可实现轨道公交的优势互补,避免恶性竞争,增强合作共赢。同时,以人为本,强化轨道交通站点接驳系统的可达性、便捷性和舒适性。

实现轨道公交一体化,就是要实现轨道交通与常规公交的网络、设施及运营的一体化。

1)网络一体化

应合理规划公交线网,实现轨道与地面公交的优势互补、顺畅衔接。减少与轨道交通有竞争性的平行公交线路,增加横向公交线路,通过构建以轨道站点为中心的接驳公交线网,实现轨道交通与常规公交的一体化衔接,满足居民"最后一公里"的出行需求。

2)设施一体化

在轨道公交一体化规划建设过程中,应注重合理规划公交站场、优化公交停靠站与轨道交通出入口的距离,以缩短乘客换乘时空距离,提高换乘便捷度。公交停靠站应与轨道站点出入口直接接驳,步行空间要重点体现"零"距离换乘的理念;公交站场场区应直接接入轨道车站站厅,步行空间要重点体现专用与优先的理念。此外,可以通过增加遮阴避雨设施、清理人行道占道停车、提高过街安全设施等措施,提升轨道与公交步行的换乘环境品质。

3)运营一体化

依托手机信令、公交车 GPS 及 IC 卡刷卡等多源交通大数据,全面掌握市民出行轨迹和距离、人口与岗位分布、公交线网服务薄弱片区、公交运营速度及公交客流分布特征等,科学研判轨道站点周边客流热点区域与运力投放匹配度,确保公交线路的运营安排与乘客需求相匹配,更好地为市民出行服务。

第 11 章 规划展望

交通起源于土地,又反馈于土地,二者相互影响、相互作用。

从区域一体化发展,到城市更新与新区开发,再到土地开发建设,在现代城市生产生活的各个方面,一体化与协同化都是交通与土地发展永恒不变的话题。

这是贯穿本书的核心观点。

11.1 城市发展的新阶段

从国际发展趋势来看,城市的发展正面临着价值取向的根本转变,从注重经济增长转向追求更加多元化的人文发展。人居环境、生活品质、城市活力已经成为定义城市、选择城市、建设城市的最重要的考量标准。

尽管发展的趋势可预见,但是基于国内城市发展的实际情况,未来一定时期内一些重要的发展特征趋势值得我们关注,这些特征将对土地及交通一体化发展产生重要影响。

1)人口负增长与老龄化

中国目前的自然生育率已经接近全球最低水平,根据《人口与劳动绿皮书:中国人口与劳动问题报告 No.19》推算,中国人口负增长的时代即将到来。根据书中推算,如果中国总和生育率一直保持在 1.6(一个妇女一生生育的孩子数量)的水平,人口负增长将提前到 2027年出现。

与人口负增长同时出现的,是人口老龄化问题。老龄化社会的出现,是人类社会发展的必然结果。随着人均寿命的延长、医疗水平的提高、社会生产力水平的提高以及人口出生率的下降,老年人口的占比就会不断增加。

截至 2018 年,我国 60 周岁及以上人口为 2.49 亿人,占总人口的比重为 17.9%,其中 65 周岁及以上人口为 1.66 亿人,占总人口的比重为 11.9%。从以上数据来看,我国已经进入老龄化社会,并且老年人口的占比还会不断增加。如何应对人口老龄化,将是未来很长一段时间内我国面临的重要"人口命题"。

人口负增长和人口老龄化将会给城市社会、经济、人文发展带来持续而深远的影响。除带来劳动力短缺之外,也将从根本上转变城市生产生活发展的推动力。例如,需要更多地鼓励社会资本参与城市建设运营;又如"严控增长、盘活存量"将成为未来土地管理的重点,还比如目前各个城市之间的"抢人大战"将持续上演、竞争热化。

2)人口流动

城市的扩张与收缩,其原因在于人口流动,以及由此产生的城市社会经济发展各方面的适应性变化。人口流动的特征表现为:一方面,人口持续向大城市群聚集;另一方面,由于高昂的生活成本等因素,人口同时又呈现出由中心城市向周边城市疏散的特征。

人口向大城市聚集现象明显,导致许多大城市的规模一再突破规划控制。以北京为例,2004 年版的《北京城市总体规划(2004—2020 年)》提出,规划人口控制在 1 800 万人。2016 年版的《北京城市总体规划(2016—2035 年)》提出,2020 年规划人口控制在 2 300 万人以内,并长期稳定控制在 2 300 万人左右。而实际上截至 2018 年,北京城市人口已经达到 2 170 万人,距离 2 300 万人的控制目标仅有 130 万人增长空间,城市面临较大的疏散压力。

同样地,上海、深圳这类大城市,也面临着实际人口不断突破总体规划目标的情况,这给城市基础设施带来很大压力。

人口流动对城市发展产生了巨大影响。在北京、上海等超大城市出现大城市病、生活成本高昂,而中小城市吸引力又不够的情况下,二线城市(尤其是很多省会城市)正迎来城市发展的黄金期。这些城市可通过加速产业的发展和转型升级,放开落户,引进人才,吸引人口流入,实现做大做强,进而带动全省发展。

现实发展也印证了这一点。根据北京人口与社会发展研究中心、社会科学文献出版社共同发布的《北京人口蓝皮书:北京人口形势分析报告(2018)》显示:2017 年北京常住人口规模为 2 170.7 万人,其中户籍人口与常住外来人口双双下降,分别减少 3.7 万人和 13.2 万人,为 1997 年以来首次实现负增长。上海与北京步调一致,常住人口呈现下降趋势。数据显示,2017 年末,上海常住人口 2 418.33 万人,比上年末减少 1.37 万人,2015 年时,上海常住人口一度下降 10.41 万人。

如图 11.1 所示,在北京、上海常住人口下降的同时,周边次级中心城市成为流动人口的主要吸引地。从增量来看,2018 年常住人口增长最多的 10 个城市,除了西安和郑州,其余城市全部在南方,主要是大湾区、长江经济带的中心城市及周边次级中心

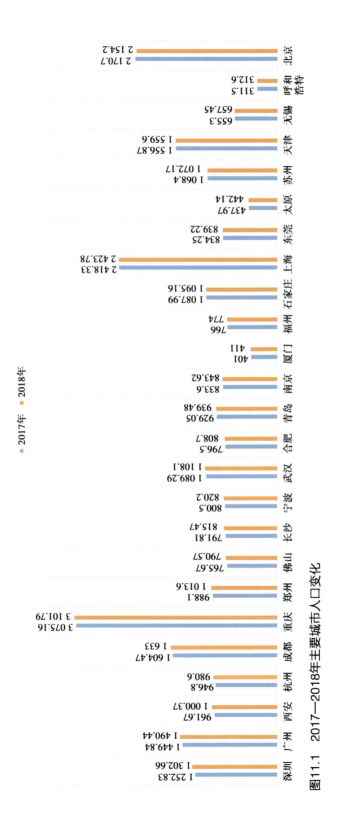

图11.1　2017—2018年主要城市人口变化

城市,如深圳、广州、杭州、成都、重庆、长沙、佛山、宁波等。这些城市成为人口流入的重点,其中有 9 个城市的人口增量超过了 20 万人,而有 4 个城市增量超过 30 万人(深圳、广州、西安、杭州)。

3)土地城镇化进度远超人口城镇化

在土地财政的背景下,过去的城市规划呈现出一种激进扩张的常态。根据国家发展改革委城市和小城镇改革发展中心调查显示,据不完全统计,截至 2016 年 5 月,全国县及县以上的新城、新区数量达 3 500 多个,新城、新区规划人口达到 34 亿。

这种规划显然是脱离实际的,而实际的发展情况也证明了这一点。针对 2000 年到 2016 年中国城镇化关键指标的分析表明,中国的实际 GDP 增长了约 3.3 倍、城市市区面积增长了约 1.8 倍,但 DID(Densely Inhabited District,人口密集地区)人口只增长了约 20%。由此可见,土地城镇化远超人口城镇化。由于土地城镇化速度远超人口城镇化,单位 GDP 能耗下降了 40%,单位 GDP 二氧化碳排放量下降了 30%,但是人均能耗却大幅上升。例如,人均电力消耗量增长了约 3.3 倍,结果导致二氧化碳排放总量大幅度升高约 2.1 倍,我国成为世界上最大的碳排放量大国。(资料来源于《中国城市综合发展指标 2018》,国家发改委发展规划司,云河都市研究院)

4)坚持生态优先集约发展

坚持生态优先,是城市转型发展的基本方向和基础底线。

2011 年 6 月 8 日,国务院颁发《全国主体功能区规划》,要求根据不同区域的资源环境承载能力、现有开发密度和发展潜力,统筹谋划未来人口分布、经济布局、国土利用和城镇化格局,将国土空间划分为优化开发、重点开发、限制开发和禁止开发四类,确定主体功能定位,明确开发方向,控制开发强度,规范开发秩序,完善开发政策,逐步形成人口、经济、资源环境相协调的空间开发格局。

这是我国首个全国性的国土空间开发规划,具有重要的战略意义。

2015 年 3 月 24 日,中央政治局审议通过《关于推进生态文明建设的意见》,正式把"坚持绿水青山就是金山银山"理念纳入其中,"两山"论正式成为指导中国生态文明建设的基本原则和重要思想,是指导美丽中国乃至全球生态环境建设的纲领性文件。

2017 年 10 月,党的十九大报告提出"必须树立和践行绿水青山就是金山银山的理念",同时将"增强绿水青山就是金山银山的意识"写入党章。节约资源和保护环境生态优先发展成为我国发展的基本国策。

11.2 交通规划设计的新要求

新时期、新阶段，一体化规划设计需要新的定义、新的聚焦，这是时代发展的需求、市场的需求，也是城市可持续发展的必然选择。

1）精细化导向

土地与交通一体化规划设计本质上是一种精细化的城市交通设计产品。从功能层面讲，传统的交通设施规划建设，更多地围绕满足交通功能的需求进行设计和建设；而一体化规划设计，更强调梳理土地与交通的关系，综合考虑交通功能与城市功能的相互融合，其过程是交通、产业和空间协同演化，动态发展，并不断带来增长收益的过程。

同时，从开发过程与商业化模式看，一体化规划设计通过交通基础设施建设带动周边土地升值，然后通过对土地溢价进行回收，分享土地增值收益，从而实现反哺交通设施，为城市开发建设提供了一种新的运营模式，为吸引社会资本进场提供了可能性。

价值导向的转变，以及建设和运营模式的转变，为交通规划设计的提升乃至重构提供了契机，最显著的特征是交通规划设计将不可避免地从"愿景式的空间发展描绘"转向大量中微观层面的空间优化、体系重构、精细化管理。

2）综合协同

站在内部协同的角度，传统的交通规划将综合交通系统切分为多个单独的板块（如道路规划、公共交通规划、场站设施规划、非机动车和步行规划、停车规划等），在每一个板块根据各自的特征需求制定发展对策，板块之间彼此缺乏协同性，更缺乏对空间形态、功能布局、土地协同开发的统筹考虑。

在新的发展阶段，要求传统的条块化规划由弱相关转向强相关，需要整体统筹、空间协同、系统推进。要求城市综合交通体系发展坚持以人为核心，满足不同阶层的人的出行需求，规划编制必须妥善处理和协调不同利益群体的诉求。城市综合交通体系规划的核心工作内容是合理确定城市交通结构，对有限的资源进行分配。规划设计的原则应该是坚持公平优先，兼顾效率，保障所有交通参与者的道路通行与使用权利。

站在外部协同的角度，在未来的城市交通规划建设中，应强化多规融合，完善规划体系，强化城市综合交通体系规划的政策属性，并以此作为制定城市交通政策的基本依据。同时，加强规划实施评估和滚动编制，建立规划动态更新机制，设立固定年限开展规划评估和更新要求。在此基础上，加强技术创新与行业规范，修订完善城市交通行业发展的标准规范体系。

11.3　结束语

在社会经济和城市发展转型时期,城市交通规划设计从内涵、目标、发展路径、过程实施都将有所变化。而土地与交通一体化发展是永恒的主题。

尊重规律、聚焦目标、导入策划、落地可行、应对可能,这是笔者及笔者所在团队对一体化发展观点的梳理,以及技术方法的探索。

在山地系列丛书第一辑正式印刷发行后,团队有一种愿景,希望能将山地城市可持续交通规划设计创新实践形成一个系列丛书,从土地利用与交通一体化发展、城市品质提升、商区开发建设等多个角度,持续地将承担过的项目与读者与行业内外部专家、学者、技术工作者进行分享、交流、探讨。

客观来讲,团队对于土地利用与交通一体化发展的理解也是一个逐步深入的过程,并非一蹴而就,故本书的主旨、选取的案例,以及某些观点不一定把握准确、提炼到位,文中归纳总结或有不足,望各位指正。